JN164410

まちづくりアーカイブズ

……えひめ南予の 町並み事情……

岡崎直司

はじめに

まちづくりという得体の知れない世界がある。きっと、そうしたことに全く縁がなくとも人生を送る人だって多いに違いない。確かにそれでも人は生きていける。

私はどうか。気付いた時には、もうどっぷりと浸かっていて足など抜きようもなくなっていた。しかも、タチの悪いことに、それは誰からも頼まれた訳でもないのにである。一言で片づけるならいい言葉がある。いわゆる〝粋狂〟というヤツ。

ある時、新聞社の方から連絡が入り、「ウチの〝四季録〟というコーナーにまちづくりのことなど連載されませんか？」とのこと。ちょうど、県の近代化遺産調査に関わっていた時期とも重なり迷ったが、有り難いことと引き受けさせてもらった。すると、その一年間の連載過程とこうして本になる段階で、いやでもいくつかの気付くことがあった。有名無名、実に多くの方々にご厄介になってきたことか、と走馬灯のごとく浮かぶ顔、顔、顔。〝まちづくり〟というテーマで振り返るほどに、当然ながら私の粋狂に付き合うハメになった多くの巻き添えが……。中には喜んでくれた方々もいたに違いないと信じてはいるが、その一方で「やれやれ」と思った人も多かったことだろう。

当方のフィールドである南予を中心に、テーマは愛媛県内の事柄に終始するが、まちづくりと無縁の方々がこの本によって少しでも地域に対する興味を持ち、あわよくばささやかながら私がご迷惑をおかけした方々へのお礼にでもなっていればと、淡い期待を抱いている。

※本書は、愛媛新聞の「四季録」に平成24年4月から翌25年3月にかけて連載された岡崎直司氏のコラムに、加筆訂正を加えて出版したものです。

目次

第三章　**広報とまちづくり**

第四章　**わらぐろ**

第一章……まちづくりの世界へ

宇和町小学校での出会い

木造建築フォーラムと松村正恒氏

春はスプリングの名のごとく、何かしら心がはずむ季節。目下、※愛媛県の近代化遺産調査に関わらせてもらっているが、振り返るとこの四半世紀ほどは、さまざまなまちづくりの現場に遭遇してきた。そうして得た多少の知見について、私が面白いと思った尺度で気ままに書き進めてみようと思う。

まずは昭和61（1986）年の秋に話はさかのぼる。その日、私はある全国大会に参加するため、会場である宇和町（うわまち）小学校（現・西予市）の講堂に居た。やがて現れた白髪の老紳士、それは基調講演をされる建築家で松村正恒という人物だった。高名はお聞きしていたが、遠目であってもお会いするのはその日が初めて。

いやはやお話は実に面白かった。「私のスライド映写を始めます」と言って、やおら墨書きによる自筆の鳥の子用紙をめくりつつ、ご自身が設計された八幡浜市の日土小（平成二十四年に国の重要文化財に指定）や江戸岡小、神山小などについて、分かりやすく説明される。その語り口は、軽妙かつユーモアとペーソス、そして風刺。聴衆を飽きさせず、会場は時に爆笑の渦。「木造建築フォーラム」という、どちらかというとお堅い建築系の全国大会でのひとこまだったのだが、私は圧倒されて聴いていた。後にこの時の講演は、氏の人柄や建物を設計する心構えなどがよく表れていて語り草となる。

木造建築フォーラムで講演中の松村正恒氏

建て替え論争に揺れていた宇和町小学校の木造校舎群。中央の大屋根の建物が、会場となった講堂

ちょうどそのころ地元では、宇和町小学校木造校舎群の保存運動があり、鉄筋コンクリートによる建て替え論争の真っ最中だった。いや、建て替えがいったん決まっていたのだが、当時の町長の英断もあり、再検討していた頃合いでもあった。戦後の学校建築のほとんどが無機質で画一的な鉄筋コンクリート化していった中で、やっと木造校舎復権の機運が出始めた時期でもあり、氏がさりげなく講演で言われた「学校」という字の解釈「木と交わって学べよ子供」という当意即妙な話は、とても印象に残ったのを覚えている。

そして私は、急速に保存やまちづくりの世界に関心を高めていくこととなる。

※愛媛県の近代化遺産調査……平成23・24年度の2カ年で実施された愛媛県歴史文化遺産調査事業（県文化財保護課）で、25年3月に報告書がまとめられた。

もう一つの伏線

内子シンポジウム

実は、私がまちづくりの世界に入るもう一つのきっかけがある。前述した木造建築フォーラムの3日前、内子町で「内子シンポジウム'86 まち・暮し・歴史」という催しがあった。ドイツは〝ロマンチック街道〟の宝石と称されるローテンブルクのオスカー・シューバルト市長をお迎えして、会場は解体を免れて前年の昭和60（1985）年に保存改修されたばかりの内子座。当時、県内ではまだそうした国際シンポジウムは珍しく、通訳を介しての進行がとても新鮮だった。

子供のころから歴史や地理に強い興味があり、内子で取り組まれていた町並み保存にも関心を向けていた頃合いだったので、都合をつけて出かけて行った。当時の内子は、4年前に全国で18番目、四国では最初に八日市・護国地区が国の重要伝統的建造物群保存地区に選定され、一段落、次のステップへと模索している段階だった。そして、六日市地区にもそのエリアを広げる計画があるものの、地元には違う意見もあって岐路に立っていた。その最中に地元から、町長に保存地区にしないよう書面提出があった旨が新聞記事に載るほどに揺れていた。

しかし、シンポジウム自体はとてもハイクオリティーな内容の濃いものだった。保存地区の無理押しをせず、ピンポイントで残す方法やさまざまな意見もあったりした。何より、私の記憶に最も残ったのは、シューバルト市長の言われた「ローテンブルクでは、〝来たりし者にやすらぎを、去りゆく者にさいわいを〟、これを合言葉としてまちづくりを行っています」との町並み保存の理念について。本当は、中世城郭都市としてのその町は、周囲を高い城壁に囲まれ、その中の城門の一つに、「訪れる者に安らぎを、去りゆく者に安全を」とラテン語で書かれているらしく、まさに敵に囲まれていた時代を物語る。それをまちづくりに意訳したあたりが何とも洒落(しゃれ)ている。

また会場では、財団法人日本ナショナルトラスト（現在は公益財団法人）や全国町並み保存連盟の方が受付辺りでボランティアをされていて、そうした団体を知ったのも初めてだったが、貴重な情報を頂いた。「全国町並みゼミ」という大会が毎年あり、来年（昭和62年）は三重県松阪市で第10回が開かれるのでぜひ、と強く誘われた。シンポジウムとフォーラム、結局この2つをきっかけとして、不思議な縁に導かれるように、私は〝保存〟というまちづくりのテーマへと確実に足を踏み入れてゆく。

内子シンポジウム'86

まち・暮し・歴史

いよ
うちこ

●とき●
昭和61年10月23日(木)・24日(金)

●ところ●
内子座

主催／自治省・(財)自治総合センター・愛媛県・内子町・内子町教育委員会・内子町農業委員会 内子町農業協同組合・内山森林組合・内山商工会・内子町観光協会・内子商店会

後援／文化庁・愛媛県教育委員会・ドイツ連邦共和国総領事館・全国町並み保存連盟・歴史的景観都市連絡協議会・全国伝統的建造物群保存地区協議会・在日ドイツ商工会議所・内子町八日市護国地区町並保存会

内子シンポジウムのパンフレット

会場となった内子座

「全国町並みゼミ」に参加

有名だった〝宇和町小〟問題

昭和62（1987）年初夏、いよいよ初めて「全国町並みゼミ」なるものに参加することとなった。以前から宇和の町並みや歴史について教えていただいていた清水貞一先生からのお誘いもあり、同行することとなった。当時の宇和町教育委員会におられた菊池湜氏の運転により、同乗者は「中町（なかのちょう）を守る会」の滝上舜二会長、池田要先生、清水チエ氏、そして貞一先生ほか守る会メンバー8人ほどだったか。中では私が最も若い。目指すは、第10回ゼミの三重県松阪市。

ここでチョッと話の寄り道。松坂といえば国学者・本居宣長と※鈴屋（すずのや）。私は八幡浜の生まれだが、歴史上では郷土の先輩方が深く松坂と結びついていた。野井安定、野田広足、梶谷守典、二宮正禎などの鈴屋門人たちが南予の地に深く国学の根を下ろした近世の史実がある。

さてゼミのこと。3日間開催の全国大会で、日本中から町並みを保存する活動に関係している人たちが一堂に会し、専門家である大学教授や行政の方などと、課題解決のための現地見学やシンポジウムが行われる。ゼミ名物の各地からの報告では、われわれも「宇和町小学校木造校舎群」の保存活動について現況説明。やがて清水チエ氏が登壇、堂々と校舎の魅力と価値について訴える。私はその後ろで、あらかじめ持参していた何枚かの写真を持つ役回り。全体交流会で知ったのだが、既に「中町を守る会」はそこではよく知られた存在で、特にチエ氏はそのモダンないでたちと闊達（かったつ）な口調で、すっかり人気者になっていた。既に兵庫県での第8回龍野ゼミで、宇和町小校舎群については、連盟による保存決議もされていた。

いや驚いた。もう宇和町小のことは全国区問題となっていたのだ。いわば町並み保存連盟というのは、誤解を恐れずに言えば保存に努力する民間団体の駆け込み寺的な存在だとも言えた。事実、ゼミの場では、どんなに偉い人であろうと、私のごとき一般人でも普通に名刺交換ができて、その場、時間を共有しているというだけの免罪符で分け隔てなく紹介していただき話を伺うことができた。

その時の私は、地元建設会社に勤務する一サラリーマンでしかなかったが、それは仕事では味わえない、利害得失を超越した想定外の交流の在り方だった。

※鈴屋……本居宣長の旧宅二階の書斎の名称。宣長の弟子は鈴屋門人と呼ばれる。

第10回全国町並みゼミでの一コマ

まちづくり活動の実践

大イチョウ保存署名活動

西予市には、雑巾がけで知られるようになった日本一長い廊下の校舎がある。現在の宇和米博物館の建物。かつての宇和町小学校第1校舎である。結局第2校舎、講堂と共に保存されて、校庭の背後にある山の斜面、今の場所に移築されたのが昭和63(1988)年の事だった。松阪ゼミの後も有志メンバーにより保存運動は続けられたが、残念ながら現地保存はならず、洋風な洒落た本館と第3、4校舎、給食棟などが解体された。

そうした過程で取り組んだ出来事がある。当方も所属していた地元の写真クラブ「写団れんげ」の活動テーマが、いつ見られなくなるかもしれない宇和町小の記録保存で、各自がめいめいに四季折々の学び舎の情景を撮影していった。もう既に校舎の一部では解体が始まっていたが、そんな折り、目に留まった校庭にある大イチョウ。フト思った。この木は一体どうなるんだろう。考え始めると気になってしょうがない。周辺で聞きこむと、皆が心配をしていた。現場事務所で確認すると、当然伐採の意向。

善は急げ、行政トップと学校側に掛け合うも、よい返事はいただけない。このままでは周辺住民の思いは反映されない。さりながら表に立とうという人は居そうにない。学校OBでもない私は、さて弱った。しかし、このまま手をこまねいていても仕方がない。よし、役割分担のつもりで清水の舞台を飛び降りよう。愛媛新聞の「門」欄に「校庭のイチョウの独り言」と題して投稿、こうして昭和63年の夏、「宇和町小大イチョウ保存署名運動」は始まった。

勤務先の上司の了解を得、約1カ月間残業をせず、この活動にかかりきりとなった。同窓会はおろか、全くの組織がない中での運動だったが、支える有志の方々の協力を得て、1600余人の署名簿を町当局に提出。マスコミ支援が大きかったのと、当時は野村町大野ケ原（現・西予市）でのブナ林保存運動が新聞紙上をにぎわしており、そうした自然保護の社会風潮もあったかもしれない。まちづくり実践活動の賽（さい）は投げられた。

結果として大イチョウは、移築保存された講堂の前に移植。建物同様、現地保存はできなかったが、この実体験で得た痛みと歓（よろこ）びは、その後のまちづくりに大いに役立つこととなった。

校庭のイチョウの独り言

私はイチョウの木です。住所は東宇和郡宇和町宇和町小学校内。木造校舎に囲まれた大正四年建築の講堂の横が私の住まいです。今年も暑くなり始めました。で目下子供たちのためにたくさんの葉を茂らせて木陰づくりの真っ最中です。だけど今の私には心配なことが一つあります。風のうわさですが、あと何カ月かすると、私は切られてしまうというのです。それというのは、建築中の鉄筋校舎が完成すると木造校舎は取り払われてしまい、長年一緒だった講堂は、遠くの山の上に移転するらしい。私は新しくできた広い運動場のまん中になり、子供たちの邪魔になるというのです。その事を考えるととても悲しくなります。

昭和の初めに、現在の校舎が新築されたり、移転して来たりしたころ、私もここに植えられました。あれから約六十年、随分いろんな事がありました。でも、最近やっと貫禄が出来て立派になったなあ、と言われるようになったところなのです。そんな私を簡単に切るなんて…。

私はまな板なんかになりたくありません。それよりワンパクたちに時には抱きついて欲しいし、先生方やお母さん方も私の下で憩って欲しい。そして木陰づくりや秋の黄葉にもっと頑張ります。どうか私を切らないで下さい。

（昭和63年6月24日、愛媛新聞「門」欄に掲載）

次のステップへ

実践を通して多くを学ぶ

これまで、内容のあるシンポジウムやフォーラムに感化され、地域との関わりに身を置こうとして、卒業生でもない宇和町小学校の保存やイチョウの木の保存署名活動にまで実践が及んできたことを述べてきた。しかしながら、世間は当然甘くないのであって、全く無名の何の組織も持たない者が表舞台にいったん立ってしまうと、いろいろと取り沙汰されることとなる。

また、マスコミの関与も実は両面あって、例えば素朴に住民の意思を行政側に届けようとして始めた署名活動ではあったが、それはどうしても対立の構図という描かれ方になってしまい、分かりやすく言えば人間関係においての敵をつくる側面も少なからず生じた。その一方では、大きな反響によって人々の関心が町外にも広がり、愛媛新聞「門」欄への投稿も、一般の方の双方の意見が数度掲載されたりしたのだった。

いずれにしても、人は矢面に立つことで何かしら得るものが必ずある。今回の場合は、問題が起きてから動くと、どうしても先のような波風が立ち、スンナリと事が運ばないという点を体で学んだ次第。つまり、急な〝コト起こし〟は角が立つということである。

あれから四半世紀、当時裸木で移植されたイチョウは、今も青い葉を付け5月の薫風に涼しい顔でそよいでいるが、この木の前に立つと、あの出来事によって次のステップに進めたことに感謝の念が湧いてくる。

後日談だが、当初、移植直後のイチョウは枝を全て落とされ、まるで蠟燭（ろうそく）のように幹だけが突っ立っていて、果たして本当に根付くのか心配されたものだった。それがやがて12年後の平成12（2000）年の秋、やっと枝葉が茂り、初のギンナンが結実したと愛媛新聞にカラー写真で報道される。その時は、本当にうれしかった。

立派に葉を茂らせ、蘇りつつある現在の姿

枝を落として移植したばかりの大イチョウ

ミニコラム

外の世界との交流で得る情報

次第に地元の町並み保存活動に関わるようになり、そうした全国大会にも足を運び、さまざまな活動実践の人にも会い、今も懲りずにその延長線上にいる。今年の第38回全国町並みゼミ豊岡大会は、兵庫県での開催だったが、得るものが多かった。

城崎温泉の会場では、大正14年に起きた北但大震災以後の復興の歴史について学んだが、その灰燼（かいじん）に帰した故郷の在りようを前に、当時の西村佐兵衛城崎町長は「この町に子どもたちの歓声が響く限り、また湯の湧く限り、復興は必ず成し遂げられる」と先頭に立って周辺を鼓舞したそうで、真っ先に小学校校舎のコンクリート化から着手したとのこと。先の未曾有の阪神大震災で、神戸が奇跡的にその後の復興を成し遂げた姿ともダブり、そうした兵庫県が持つ血脈の歴史風土を感じたりもした。

一方、豊岡には昭和30年代からのコウノトリの環境保全活動があり、平成17年秋に初めて5羽が放鳥されて以降、その中の何羽かが愛媛にも飛来し、我が家の近くにも姿を見せる。「コウノトリをもう一度大空へ」を合言葉に、当時それを提唱支援した阪本勝兵庫県知事の次の言葉は、とても感銘深いものだった。「ほろびゆくものはみな美しい。しかし、ほろびさせまいとする願いはもっと美しい!!」

こうした現地ならではの得難い話に触れられるのも、全国町並みゼミに参加する際の魅力である。

城崎温泉に立つ西村佐兵衛町長の銅像

第二章……保内のまちづくり

近代化遺産の宝庫・保内

発信のスタートはスライド映写会

第一章の最後で、問題が起きてから動くことの愚を書いたが、ではどうするか。つまりは常日頃からの地道な活動自体が大事であるという、当たり前の事柄に気付かされての次のステップへ。

当時住んでいたのが合併前の保内町。いわば宇和町小の件では出張まちづくりをしていた感がある。この愛(いと)しき町に、私は平成7(1995)年までの9年間お世話になった。そこでの実践活動について綴(つづ)ってみたい。

住み始めて分かったことは、ここはトンでもない町だということ。銀行は愛媛の先陣を切って開設されるわ、紡績会社は四国で最初、銅山に至ってはあの別子銅山に次ぐ出鉱量を誇った時期があり、養蚕業の要である現役の蚕種会社まで。何かに取りつかれたように、さまざまな建物やそれら遺構群を暇を見つけては撮り歩いた。次から次へと登場するそうした近代の歴史的重層性に、私は本当に呆(あき)れたのだった。

なぜ、この保内に。本来それらは、愛媛県的には松山や宇和島の出番ではないのか。いや一番呆れたのは、それだけの宝物を持ちながら、ほとんど何も情報発信らしいアピールがされず、町が忘れ去られたように静まりかえっていたこと。歴史好きな私ですら、そんな魅力がころがっている町だなどと、誰からも聞いたことがなかったのである。失礼千万ながら、町はまだ眠りの中に居た。

地縁血縁のまるで無いこの町で、どうやったらそんな素晴らしさを分かってもらえるか。突撃敢行あるのみ。まず向かったのが、小ぶりながら見事な西洋建築の川之石ドレスメーカー女学院。名前にひかれたのか、いやいや、撮影でお世話になったご縁で、所有者である亀井勝・八代子ご夫妻に町並みの私的スライド映写会をお願いし、数日後それはとても喜ばれた。

その優しかった亀井ご夫妻も既に鬼籍に入られたが、今も地元の年配者がドレメと呼ぶその建物は、平成19年に保内町初の行政修復として旧態が見事に蘇り、元のオーナーの名を冠した旧白石和太郎洋館として保存再生された。今では管理人常駐の文化施設として、町並み見学者が訪れたり、時折コンサートやまちづくりの会合が開かれたりと活用されている。

そんな光景を、もう一度ご夫妻に見せてあげたかった。

保存再生された旧白石和太郎洋館

愛媛初の銀行・第二十九国立銀行の記念碑。明治11年３月15日、川之石に開業（現・伊予銀行川之石支店）

新聞が取り持ったご縁
「やんちゃ倶楽部」と兵頭孝健氏

まずもって保内で取り組んだ活動手段としては、先に述べた通り、撮りためた町並み写真のスライド映写会をすること。他に、写真展をすることや、町並みの情報をさまざまな媒体に書くこと。一人でできるいろいろなことを、思いつくものからやっていった。ヨソ者の私としては、限られた知友に話し、一人でも多く保内の持つ町並みの魅力を理解してもらえるよう、できるだけの局面で伝わるよう考えた。

今ならその気になれば、ツイッターでつぶやいたり、フェイスブックでの呼びかけもできようが、まだパソコンも登場していないアナログまちづくりのころである。フェイス・トゥ・フェイスで時間をかけるしかない。

スライド映写会では、後々大きく影響が広がることとなる忘れ難い出来事がもう一つ。まだ平成になる前、「やんちゃ倶楽部(くらぶ)」というまちづくりグループが保内にあった。愛媛新聞の活動記事を見て、藁(わら)をもつかむような気持ちでフラリと訪れたのが町の自転車屋さん。リーダーの兵頭孝健(よしたけ)氏だった。思えば新聞が取り持つご縁だったのかもしれない。後日の笑い話だが、変わったヤツが店に入って来たと思われたらしい。自転車の空気入れを借りる体で、やおら町並み写真を持ち出して保内の魅力を語り始めた。その変なヤツがスライド映写会の申し入れをしたのは言うまでもない。

後日、程なく連絡が入り、兵頭家2階で映写した際のその場の反応は印象的だった。ありがたいことに、あらかじめ役場の方や頼もしい数人の方々に声掛けしていただいていたようで、あまりピンとは来なかったかと思うような静かな映写時間が流れ、しかし見終わった時にはいつも見慣れた故郷の風景が、異口同音に皆に新鮮に受け取ってもらえたのだった。

それ以後の何やかやは、いくつかの紆余曲折の後、振り返れば氏を基点に広がっていくこととなる。それまで会ったことも見たことも無かったお人だけに、そうした偶然、奇縁に感謝するほかない。保内のまちづくりが新たな展開を予感させるそのひと月余り後、激動の昭和が終わり、平成と改元されたのだった。

解体前の旧宇和島藩御用大西屋清家家（八幡浜市保内町喜木）の屋根裏を調査する兵頭孝健氏

真の町並みの魅力とは

見栄えだけで優劣は測れない

愛媛県内には、さまざまな町並みが存在する。当初、保内で動き回っていたころによく言われたことがある。「ここはアチコチ点在しているだけで、町並みにはなってないじゃろ」。内心ムカッとする気持ちを抑え、よくこう答えたものである。「いやいや、それがまた面白いんですよ」と、その場は答えたものの、本当にいい町なのかよく自問自答し、多くの専門家たちの声に耳を傾けた。

そういう意味で、第一章で書いた毎年参加している全国町並みゼミは、保内の町が本物の魅力を有しているかのリトマス試験紙だった。私の言うことには耳を貸さなくても、専門家の根拠があれば少しは違うだろう、くらいのものだったが、随分と勉強させていただいた。ある先輩から、勉強は公費ではなく私費でしろ、とそのころ教わった。もとより私は行政側ではないから、公費の出る当てはないが。

最初の話、県内の町並みを見てみよう。確かに、国の重要伝統的建造物群保存地区となっている内子や卯之町には、その名の通り重要な伝統的建造物が群として存在し、それが並び町並みとなっている。〝伝建（デンケン）地区〟はその略。例えに品がないがあえて書くと、それら優等生の町並みが眉目秀麗な美人だと仮定して、前段のご指摘は表面的な見栄えのことを言っているように聞こえる。現実の世の中は、美人以外の方が圧倒的多数を占める。そっちの立場はどうする。あ、いや、これは町並みの話。

　ともかく、町並みを建物の残り方の数値や、何かの優劣で語るのではなく、さまざまな見方の中でその魅力探しをし、そこをドンドン磨いてゆく。優劣で育てられたら、子供だっていじけてしまう。欠点探しの比較は、何のタメにもならない。この町には何が隠れているのか、どういう潜在的魅力が潜んでいるのか、そんなことに気付き始めると、これはもう面白い。良い所は当然吹聴したくなる。まちづくりは、わが子を自慢したがる親バカ心理で進めないといけない。

内子町・八日市護国の町並み

西予市宇和町・卯之町の町並み

保内まちなみ倶楽部を結成

大黒座解体の無念を乗り越えて

保内でのまちづくりは、とても書き切れない。まず、平成元（1989）年に川之石ドレスメーカー女学院にて、町並み保存をテーマに「ミニミニシンポジウムｉｎ迎賓館」というイベントを実施した。目的は、会場である通称「ドレメ」を世間に認知してもらいたかったのと、地元で認識されていない町並みの魅力についてもっとアピールしたかったこと。だから、かつての白石紡績時代に機械のメンテナンスの関係で外国人を迎えていたという歴史を踏まえて、ちょっと大げさに〝迎賓館〟と謳（うた）った。

またこのイベントは、それまでの写真展やスライド映写会などの個人活動ではなく、24ページで紹介のごとく、兵頭氏の知己を得て初めてできた公的な地域社会への働きかけでもあった。ドレメはその6年後、まだ合併前の保内町時代に旧白石和太郎洋館として認知される形で初の行政保存となった。

しかし町並みは、常に解体の危機をはらむ歴史建造物であり、保内もその例外ではない。活動を始めた当初、最も大きな喪失感を受けたのが平成2年の春、芝居小屋「大黒座」の解体。時代の変遷の中で既に営業を閉じ、内部は駐車場と化してはいたが、それでも宮内川の川面に

宮内川に姿を写すありし日の大黒座

入り母屋屋根がその影を映し、長らく存在感を見せていた。その名の通り、テッペンの棟瓦には大黒様の飾り瓦。2階桟敷もまだ残っていた。そもそも、元は高松にあった皆楽座という建物を移築したとかお聞きしたが、さて——。

所有者のある慨嘆が忘れられない。「役所関係の方やいろんな人が見には来てくれるんですが……」。苦悩の決断が垣間見える。その数年前には内子座が見事に保存されて人気を博していたこの比較で考えると、歴然としたそんな地域差に、言いようのない焦燥感も禁じ得なかった。

そうした現状の危機感もあり、翌平成3年にわれわれは「川之石の景観を考える会」を有志結成して、後に「保内まちなみ倶楽部」としてさまざまな活動展開をしてゆくこととなる。そうした中、その年の秋に会員の河野巌氏と私で兵庫県の町並みゼミに参加し、ある貴重なヒントを得たことは忘れられない。

「カラミ煉瓦」に活路を見出す

〝天空の城〟の町での使われ方にヒント

兵庫県のほぼ中央に、朝来市和田山という町がある。〝天空の城〟で最近つとに有名な但馬竹田城という石垣の美しい山城のある町。そこで第5回兵庫町並みゼミが開かれ、保内まちなみ倶楽部の河野巖氏と一緒に出かけたのが平成3（1991）年の秋。

ゼミ自体は、竹田城修復に関して熟達した石工棟梁（とうりょう）の基調講演があり、「石垣の積み方は石に聴け」という含蓄ある話を伺え、充実したものだった。そしてもっと忘れられないのが、よく知られた播磨屋生野総本店という煎餅（せんべい）屋さんが国道筋にあり、そこで偶然見かけたあるシロモノ。入り口アプローチに、何やら趣深い黒っぽい色合いの長方形の石がセンス良く敷き詰められていた。近づいてよく見れば、それは石ではなく明らかに金属系の物体だった。おやっ？と思い、店の方にお尋ねすると、「かつて近くの生野銀山で精製されていたカラミ煉瓦（れんが）です」との答え。その美しい使われ方は、旅の一印象にとどまらず、保内のまちづくりにとっても、ある種の方向性を示唆するものだった。

つまり、その物体「カラミ煉瓦」は、保内周辺では「佐島煉瓦」と呼ばれ、町中で散見できるもので、当地においては銅鉱山によってこの地域が栄えた歴史を証明するものに他ならない。

もう少し説明すれば、「カラミ」とは銅鉱石を製錬する過程でその残りかすを固めた副産物で、銅・銀・錫（すず）などの金属系鉱山のあった場所には必然的に産出される。「カラミ」は漢字で書けば「鍰」。もちろんのこと、時代の移ろいの中ではいつしか忘れ去られ、誰からも着目されずに町のそここにひっそりと転がっているのだった。保内だけではない、それは旧八幡浜市や佐田岬半島、旧三瓶町辺りでも見受けられる。

では、なぜ当地では佐島煉瓦と呼ばれるのか。佐島にはかつて製錬所があり、それは明治26（1893）年に白石和太郎や浦中友治郎らによって設立され、大正9（1920）年に煙害問題で閉鎖されるまでの27年間、地域経済を潤したのだった。それはまた、多くの人が学校で習う住友の四阪島製錬所の操業開始が明治38年だったことに比べ12年も早く、特筆すべき地域の先進性でもあった。

よし、この埋もれた歴史をまちづくりに活（い）かそう。保内に戻ってから、私たちは俄然（がぜん）忙しくなってゆく。

カラミ煉瓦を使った播磨屋のアプローチ

往時の佐島製錬所（八幡浜市教育委員会提供）

今風によみがえった〝佐島煉瓦〟

人海戦術で数トン分を収集・再利用

「保内まちなみ倶楽部」では、当地がかつては銅山で栄えた町であったことをアピールするために、佐島煉瓦の利活用を思いついたのだが、実はこれがなかなか大変な労力を伴うものだった。

まずはその肝心の煉瓦を集めなければならない。ところがそれは、簡単に手に入るものではなかった。現在では既に生産されていない歴史遺物であることと、仮にあったとしても、後に述べるがそれは想像を超える重さなのである。

また、前節で、この遺物が町内の所々に転がっていると書きはしたが、そうは言うもののその気で探さないと簡単には見つからない。例えば、戦前期に建てられた建物の基礎や塀、屋敷内の一部に敷かれたり、フト見ればミカン山の石段に廃物利用、あるいは植木鉢の台になっていたり。予期せぬものとして、赤網代という地区では墓石になっているものまである。だから集めると言っても、人づてに解体民家があるとの情報でもらい受けに行ったり、タダでは申し訳ないから会員によっては一升瓶のお酒を持ってという具合。

例外的に佐島煉瓦がたくさんある場所がある。もちろんそれは、川之石港沖5キロメートルに浮かぶ、当の製錬所があった佐島。しかし調べると、この島は奈良県にお住まいの方の個人所有。善は急げ、思い切って手紙を書きその方の元へ会いに行くことに。ありがたいかな、こちらの他意のない旨をご理解いただき、公共のお役に立てるならということでご了解をしていただいた。

そうやって1個が約40キロと5キロの2種類の煉瓦を人海戦術で数トン集め、こう書くと2、3行のことだが、運ぶのも容易でない重量。当時私の勤務先だった建設会社の港湾工事用台船での運搬を何とか頼み込み、佐島から陸揚げ、あらかじめ段取りをつけていた町内2カ所の新築工事現場へ。それが今も残る愛媛銀行川之石支店の塀と、ショッピングセンター保内のベンチ敷きで、それぞれ説明板も添えられた。今振り返っても、各方面にさまざまな無理をお願いし、冷や汗ものだったが、愛媛新聞などマスコミにも大きく取り上げられ、本当に多くの方々にお世話になった。小さな動きではあっても、ともかくも目に見える形で歴史の価値を訴える初動期の成果としては、大きなきっかけとなったと感謝ばかりである。

佐島に残る佐島煉瓦の搬出風景（40kgの運び出し）

佐島煉瓦を用いた愛媛銀行川之石支店の塀（5kg/個を使用）

あたらしや菊池家の解体

記録保存活動に初めて行政が関与

保内のまちづくりにおいては、佐島煉瓦の再生利活用運動と相前後して、もう一つの大きな出来事があった。江戸末期の商家建築「あたらしや菊池家」が平成3(1991)年末に解体されたのである。と言っても、直近にお住まいの方でもなければ、どこの建物のことやら、それは全く無名の歴史的建築。このようにして、地域の顕彰がなされていないと、歴史遺構はいともたやすくアッという間に消滅してゆく。

建物は、川之石地区の琴平から清水町にかけての旧道に面し、近世の保内組と呼ばれていた時代から近代の殖産興業の世になって栄えたころを連続面として何とか感じられる貴重な一画。そのころはまだ、矢野家、旧白石家本宅と洋館、旧宇都宮壮十郎家、旧白石事務所、そして平入りの格子組みもゆかしい「あたらしや菊池家」へとつながっていた。

解体の情報に接した時点では、もうエックスデーの数日前、このままでは社会の片隅で誰からも知られることなく消え、記録保存さえできない。さりとて所有者の理解も得ずマスコミ発表をするわけにもいかない。まずは管理者と直談判の必要がある。河野巖氏の計らいで保内町教委の文化財担当者とも同道。何とか先様に事と次第をお話しし、せめて記録図面だけでもと解体日延期を懇願。されど渋る相手を前に、気が付けば私は土下座、同行者もびっくり。どうにか根負けしていただき了解が得られたものの、そのタイムリミットはたった1週間だった。

そうして年末多忙の中、急きょ民家研究の犬伏武彦氏の指導や、地元建築士有志の方々の助力を仰ぎ、貴重な江戸期の商家の図面が記録されたのだった。解体前調査のおかげで、棟札から母屋は文久元（1861）年、衣装蔵の梁（はり）には墨痕鮮やかに天保3（1832）年と描かれていたことも判明。その梁自体など建築部材の一部、柱間の描かれた板図、あるいは湯殿の浴槽などが町に保存された。残念ながら建物は解体されたが、この地域では初めて町並みに関して行政が関与したという意味で、その最初の意義はとても大きかった。

そうした皆さんのボランティアによる頑張りが、予期せぬ次なる偶然の展開を生み、世の中は面白い！と思わせることとなる。

解体前調査時の「あたらしや菊池家」

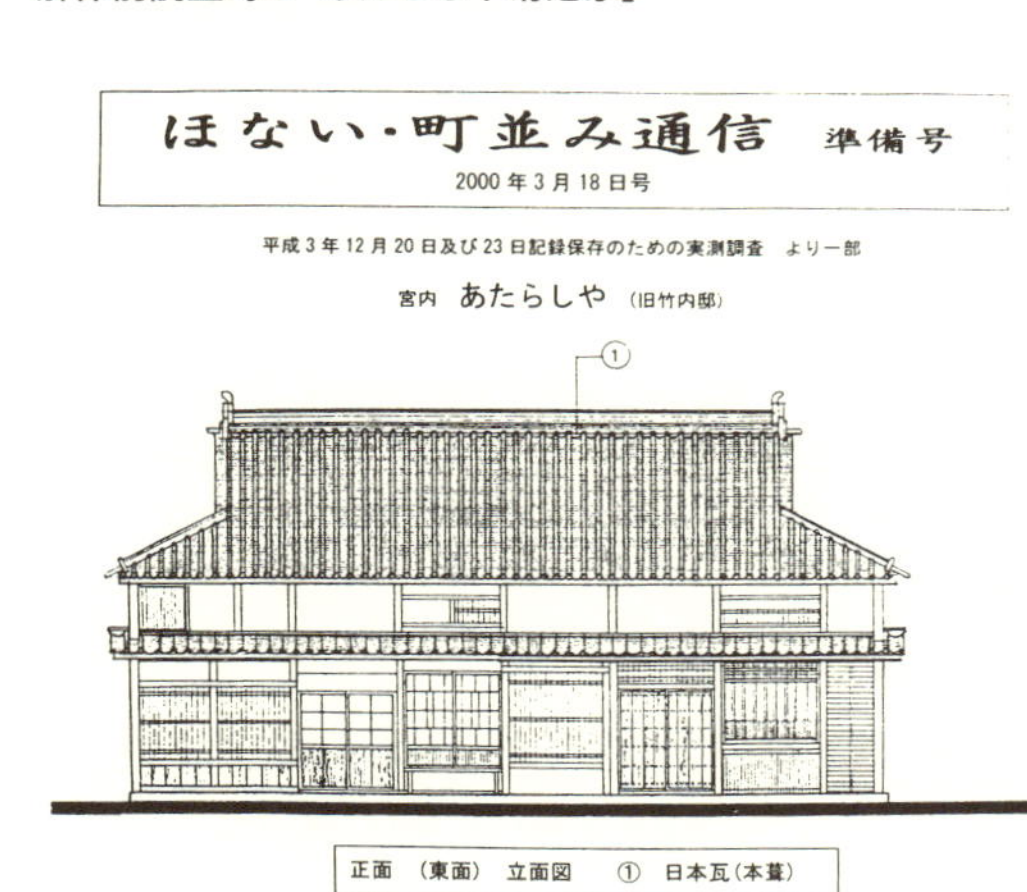

ほない・町並み通信　準備号
2000年3月18日号

平成3年12月20日及び23日記録保存のための実測調査　より一部

宮内　あたらしや（旧竹内邸）

①

正面（東面）立面図　①　日本瓦（本葺）

解体前に記録された図面を掲載した「ほない・町並み通信準備号」。この通信は、木村明人氏により2003年3月（計28号）まで発行。保内の図書館で見ることができる

「日暮町風土記」

あたらしやの騒動をモデルに芝居化

前節で述べた江戸期の商家「あたらしや菊池家」解体の顚末(てんまつ)。

その後、これを『アトラス』という地域誌に書かせていただいたことがある。「エキゾティックストリート魅惑の町・保内」という小連載だったが、まさかそれがこんなことになろうとは。書いたことさえすっかり忘れてしまっていたころに、ある人が息せき切って私を訪ねて来られた。名前を永井愛さんといわれる。といっても、失礼な話、不明な私には分からず、実は著名な劇作家の先生であった。事態をあまりのみ込めないままに取材を受け、保内での活動についてあれこれ話させていただいたが、そうやって半年後くらいに四国市民劇場と二兎社の共同企画作品として誕生したのが「日暮町風土記」という芝居だった。

翌年には而立(じりつ)書房から本も刊行されたが、つまりは、市民劇場の鈴木美恵子さんという方が気を利かせて件(くだん)の地域誌を永井氏に紹介くださったたまさかでの展開だった。あれよあれよという間の松山公演は平成13(2001)年の暮れ。アレンジにより「あたらしや」は老舗和菓子店大黒屋となり、登場人物も実際とは変わっているが、共に活動した人ならある程度の人物配置がイメージされる。ともかくプロとはいえ、短期間に精力的な現地取材で、瞬く間に愛媛

而立書房発行『日暮町風土記』

「日暮町風土記」松山公演での集合写真。前列左端が高橋長英氏、左から３人目が永井愛氏、右端が主役の渡辺美佐子氏

の風土をテンコモリとし、ゼロから話を組み立ててゆくその構成力には舌を巻くしかなかった。地元銘菓一笑堂の豆板まで、説明付きで登場する楽しさ。

キャスティングは、主人公の家庭教師・波子が渡辺美佐子、東京から来た建設会社の男が高橋長英などという豪華メンバー。町並みくらぶ代表でもある波子が大黒屋の解体延期を頼み込み、1週間延ばしてもらって実測記録をする間の騒動記。俳優の方々が地元方言を見事にマスターし、太い梁が交差する旧家の舞台セットも素晴らしく、笑いとペーソスがギュッと詰まった見事な舞台だった。

そして、それはくしくも、あたらしや解体からちょうど10年目、多くの人の善意が紡がれた奇跡のようなプレゼントにも感じた。東京、大阪など全国縦断公演も行われ、その後も各地で上演しているらしいが、惜しむらくは、モデルとなった肝心の保内ではまだ未公演。いつか地元上演のそんなうれしい日が来ないだろうか、などと思う今日この頃。

全国赤煉瓦ネットワーク

内藤恒平氏と旧東洋紡績赤煉瓦倉庫

ある日、福祉で頑張っておられる松山市の白方雅博氏より連絡が入り、面白い人が来ているので参加されませんか、との飲み会へのお誘い。福祉は門外漢だが、氏が言うのであれば間違いないと出かける。それが全国赤煉瓦ネットワークの行動隊長・内藤恒平さんとの出会いだった。もっとも、当時は横浜市のれっきとした公務員で、立場は公平とシャレて「立花恒平」を名乗り、講演は講談調で進める、そんなお方。

横浜市は、港にある赤煉瓦倉庫をどう活用するかという課題を抱えていたが、この内藤さんはナンと瞬く間に京都府の舞鶴、広島県の呉、北海道の江別、長崎県の佐世保などと連携し、全国に赤煉瓦ファンのネットワークを築いてしまった。赤煉瓦ももちろんだが、こちらとしては当然のように例の佐島煉瓦活用の話を持ち出す。関心を持ってもらえるか祈るような気持ちだったが、幸いにも好反応。ありがたいことに保内に来ていただけることになった。その分、おおず赤煉瓦館に寄れなくなってしまい、申し訳なかったけれど。松山からの車中は、愛媛情報をご案内しつつも、早速、赤煉瓦建築の入門講座に早変わり。フランス積み、イギリス積み、あるいは各地の煉瓦建築保存の話など。

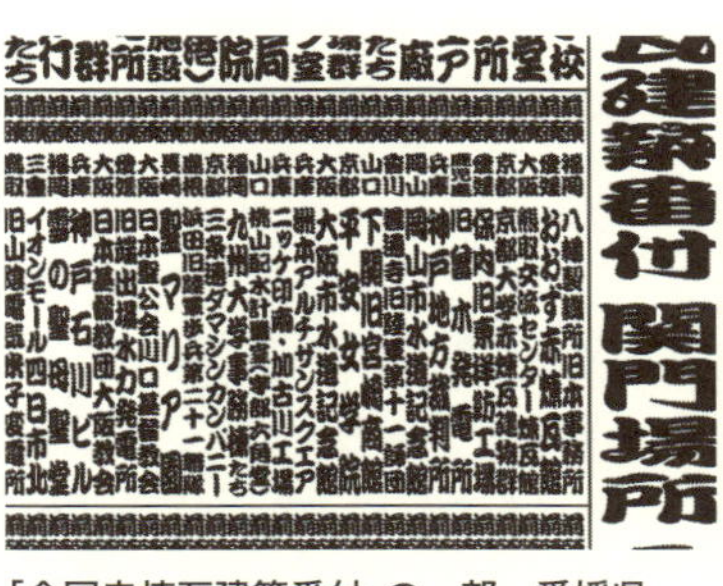
建築番付　関門場所
福岡　八幡製鐵所旧本事務所
愛媛　おおず赤煉瓦館
京都　京都大学赤煉瓦建物群
兵庫　神戸地方裁判所
岡山　岡山市水道記念館
京都　平安女学院
大阪　大阪市水道記念館
大阪　日本聖公会川口基督教会
三重　イオンモール四日市北

「全国赤煉瓦建築番付」の一部。愛媛県からは3ヵ所が選出

美名瀬橋と旧東洋紡績赤煉瓦倉庫

この時に教わった年に1度の赤煉瓦の総会には、後々幾度か参加させていただいたが、煉瓦博士の水野信太郎先生や多くの専門分野の方もおられ、さまざまなレクチャーをしていただいた。東大教授の藤森照信氏によれば、幕末期にグラバー商会に雇われたアイルランド人ウォートルスによって、明治6（1873）年に、銀座の煉瓦街が誕生し、以降全国各地に赤煉瓦の建物が近代の象徴として出現する。やがて、大正期の関東大震災で露呈したその耐震性の弱さによって衰退するとのこと。

近代に栄えた保内川之石地区では、美名瀬橋から見た旧東洋紡績赤煉瓦倉庫の風景が印象的だが、赤煉瓦ネットワークが選出した「全国赤煉瓦建築番付」では、西の前頭位置に置かれ、同会のおかげで全国にPRすることができた。近年は経産省認定の全国産業遺産にも選定されていて、同ネットワークにおける一定の評価が功を奏した格好で、本当に感謝している。

まちづくりにはさまざまな分野があるが、中でも専門家の後押しは不可欠な要素で、次節ではその具体的成果である美名瀬橋保存の展開について述べる。

美名瀬橋の景観保存

座して待たず、行動で成果を出す

旧東洋紡績川之石工場の赤煉瓦倉庫が、宮内川の川面に映る美名瀬橋界隈。ここは、保内の景観上のランドマークだ。昭和8（1933）年竣工、工作者・安藤松治の銘が入るこの橋から上流方向を眺めると、ご当地の特徴である青石護岸が数百メートルも続き、その先が円弧状となって優しく消えている。

この得がたいレトロ景観も、実は消滅するかもしれないという危機があった。上流側から次々に橋が架けかえられていったのだ。先に芝居小屋大黒座のことを書いたが、そこに架かっていた昭和11年架設の味わい深い清水橋も、いつの間にか拡幅されて普通の橋になった。危機感を抱いたわれわれは、何とか下流にある美名瀬橋だけは残そうと思案を巡らせた。まず、ごみの集積場と化していた親柱たもとのドラム缶撤去。これさえも場所の変更などで、周辺住民への説得など大変だったと聞くが、耳目を集め考えるきっかけとなる。

次いでお世話になったのが、都市工学の専門家である日本大学の伊東孝教授（当時）。「なぜいま〝橋〟なのか！」と銘打って講演会を開催したのが平成9（1997）年。氏の肝いりで、筑波大教授のチェスター・リーブス氏にも加勢いただき、忘れられない。その成果として、美名瀬橋の景観保存についての重要性を提言書として旧保内町役場に提出。当時の菊池良治建設課長が理解を示し、協力していただいたことも大きかった。翌年には改修工事が完成し、この界隈での本格的な修景公共工事の先鞭（せんべん）をつけることができた。

教訓その一。景観は座していては守れない。ではどう戦うか。専門家の言に耳を傾け、行政が取り組みやすい場づくりに工夫をする。橋渡し役、人間関係、熱意等々、各種条件は必要だが、百の理屈をこねるより、こうした見える形の積み重ねを続けることでしか、地域の共感は得られない。

こうした学際的な協力によって、われわれの活動がどれほど勇気づけられたことか。それと、この時の講演会の主催は「保内まちなみ倶楽部」からシフトした「保内大学」という活動の一環であった。えっ、保内に大学？

今は無き清水橋の“開通祝い”の古写真。右に大黒座も（昭和11年、八幡浜市教育委員会提供）

平成６年、長浜大橋をテーマにした「動く橋サミット」が開催された際に来県、長浜大橋が描かれたマンホールの蓋の横でポーズをとる伊東孝教授

保内大学と白石久晴学長

まちづくりのための架空の大学

その大学が開校したのは、平成8（1996）年の春だった。もちろん公立ではない。私立かと言えば、そう言えなくもない。紛らわしいので種を明かすと、まちづくりのための地元有志で立ち上げた架空の大学。学長は、その前年に「郷里の墓守をする」と言って突然落下傘のように保内に現れた白石久晴氏。

開講式は旧白石和太郎洋館を会場としたが、鉱山経営で財を成した和太郎氏の孫に当たるのが久晴氏という次第。まちなみ倶楽部の会合で、風景を理解するには教養が必要という話になり、そういえば大学が無いから創ろうと。この学園には校舎も金も無かったが、学長だけはすぐに決まり、周囲の数人を中心に妙な熱気は感じられた。第1回講義は、県内で歴史的建造物の顕彰活動の道を開いた犬伏武彦氏（松山工業高校建築科長・当時）を迎え、スタートにふさわしい内容の話を熱く語っていただいた。以降も、まちなみ倶楽部からシフトする形でさまざまな自主企画を実施して、受講学生自らの興味と関心の輪を広げ、地域へはユニークな話題提供の活動が繰り広げられた。前節の美名瀬橋の景観シンポもその一環だったのだ。

ある時、俳人・夏井いつき氏を迎えて俳句ライブを行った折、夏井氏が言われた。「学長はドーナツの穴のような人だ」と。言い得て妙の観察眼。そう、数々の企画の中心にはいつもさりげなく白石学長が居た。穴が無ければドーナツ、つまり人の輪は完成しない。自身を消し去り、中心と気付かせない〝空〟であることの存在。誰でもできる芸当ではない自然体のありよう。邪気の無い魅力的な笑顔に、自然に人の輪が生まれていたのだ。当方の独断と偏見では、まちづくりのリーダーはとかくキャラの立った人物が多い傾向にあるが、氏はそうしたことから無縁の希有(けう)な自由人でもあった。

平成12年の年明け早々、その学長があちらの世界に一人旅立たれた。今ごろは、好きだったヨットでニューカレドニアか、あちこちへフラッと写真を撮りに行かれているか、あるいは犬の散歩がてら畑を耕しているか。夏本番の空を見上げていると、まちづくりにおいて保内の恩人である学長の笑顔が、入道雲の隙間からこぼれてくるようだ。合掌。

保内大学開校式の日。左から二宮通明保内町長、白石久晴学長、著者（平成８年４月14日）

保内大学の講義風景。講師は伊東孝氏（平成９年９月14日）

まちづくりの拠点・保内町商工会

〝もっきんロード〟など多くの成果

保内のまちづくりにおいて、重要な役割を担った場所がある。それが保内町商工会。保内まちなみ倶楽部にしろ、前節の保内大学にしろ、事務局はその商工会に置かれ、ある種まちづくり活動の拠点となった。今だってまだ知られているとは言い難いが、保内の町並みが全く無名だったころから、都築隆元商工会長はじめ歴代の会長、事務局長などによる理解協力があり、さまざまな取り組みが可能となった。中でも、その事務局を根気強く受け持たれていた安藤加代子さんという方がいる。美名瀬橋（40ページ参照）を施工した安藤組のお孫さんに当たり、今は保内ボランティアガイドの有力メンバー。活動のさまざまな場面で柔らかく対応し、何度も助けていただいた。こうした半官半民の組織による柔らかなまちづくりサポートはとても重要で、特に地域への実情報の広がりはマスコミ以上の効果がある。昨今は商工会も合併や人的交流の面で大きな変革期を迎えているが、地域のまちづくりに濃密に関与した例としては、県内でもその功績を誇っていいのではないかと思える。

そうした中の一つに、平成11（1999）年にまとめられた「近代化遺産の宝庫・保内のまちづくり」という提言書があった。それが契機となって宮内川沿いに遊歩道「もっきんロード」

が出現し、今では朝夕の散歩などで市民に喜ばれている。それは、同6年末に行政保存された旧白石和太郎洋館と、同11年に景観保存した美名瀬橋や国の登録有形文化財（89ページ参照）となった現役蚕種会社・旧日進館のあるエリアを、どう有機的に結ぶかという命題への答えとしてまとめられた。

保内の中心部である旧川之石地区の地図を眺めていると、それは宮内川と喜木川の2河川によるデルタ上に立地しているのが分かる。ちょうどかつての東洋紡績川之石工場群の跡が現在の保内中学校なのだが、両サイドに車道があり、一方の道を歩道にする案がひらめいた。アスファルトをはぎ取り草道にする案や、もう少し歴史空間を生かすアイデアもあったが、公共事業的には今のウッドデッキになった。

ともかく、その昔この界隈には「だんべ船」と呼ばれる平底船が石炭やインド綿を乗せて、潮の干満に合わせて遡上し、工場に運び入れていたという喧騒があった。遊歩道の上手と下手には当時の簡単な船着き場も残り、それと知ることができる。こうした町の記憶を伝える仕掛けが、地元商工会を通じて醸せていることが、何よりうれしい。

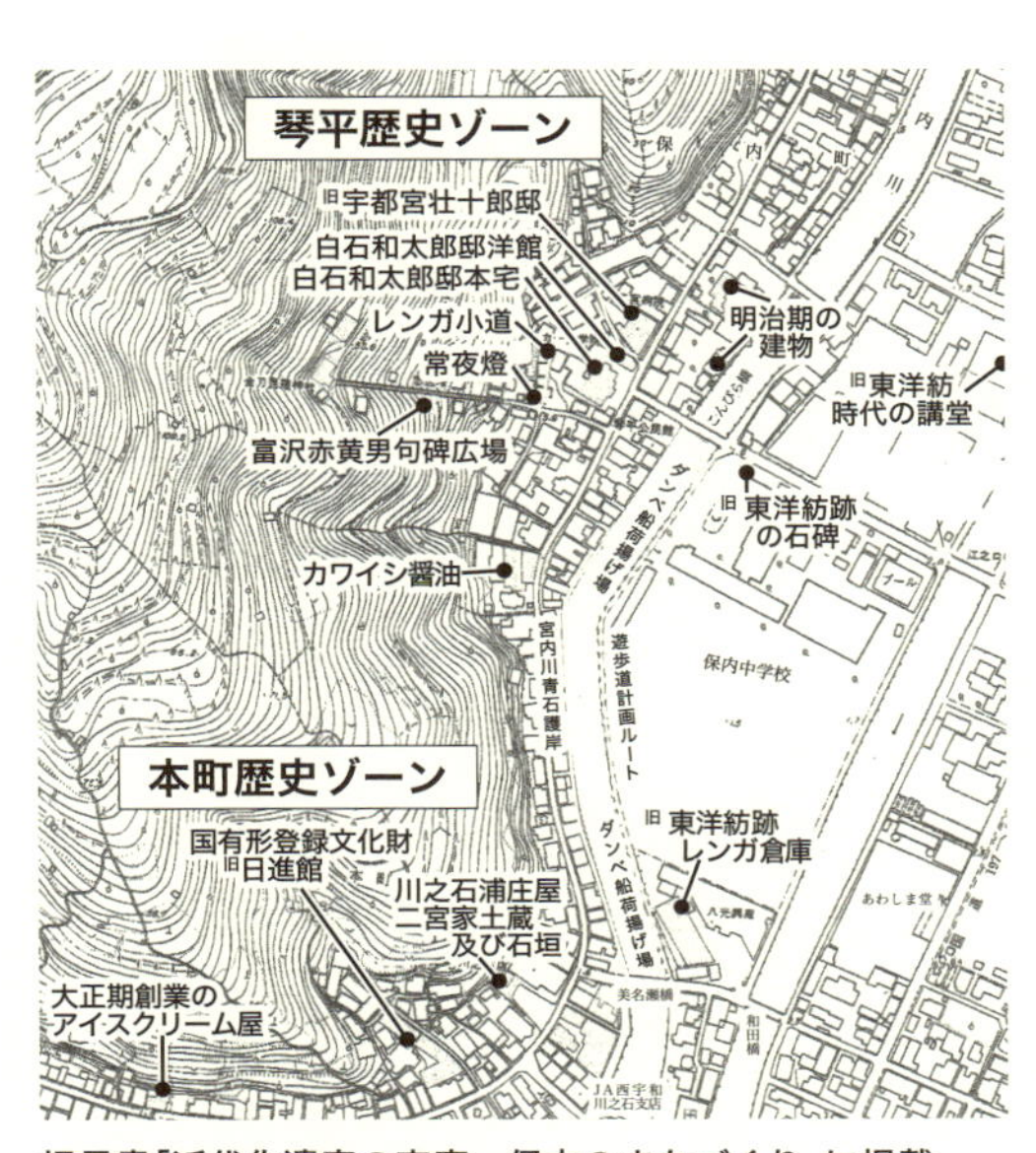

提言書「近代化遺産の宝庫・保内のまちづくり」に掲載された旧川之石地区の地図

郷土史家・丸山国夫先生

佐島製錬所の地図をめぐる思い出

歴史的な景観を守る活動に関係していると、郷土史家の方々にお世話になることがよくある。必ず地域には、その地の埋もれた歴史を地道に調べて記録された文献があり、そうした事柄を後進のわれわれが拝見できることで、まちづくりの参考にさせていただくことになる。保内においても、多くの方にお世話になったが、中でも八幡浜市日土の丸山国夫先生には言葉に言い表せない感謝を感じている。

ある時のこと、佐島製錬所があったころの地図が保内まちなみ倶楽部にもたらされたことがある。川之石湾の沖合5キロに浮かぶ無人島・佐島には、明治26（1893）年に製錬所が設けられ、地域経済の中心となっていたが、その全容についてはほとんど文献が無く分かっていなかった。その地図は、旧白石和太郎洋館の斜め前に坂田製パンの建物があり、そこの土蔵を改装する時に発見されて、大工さんが機転を利かして倶楽部の会員宅に届けてくださった。どうやら坂田家のご先祖が製錬所の関係者だったらしいのだが、そうしたちょっとした気の留め方が無かったら、失われていたもの。活動の余録としてもうれしい出来事の一つだったが、実は何より喜んでくださったのが近代史文庫で鉱山についても研究をされていた丸山先生でもあっ

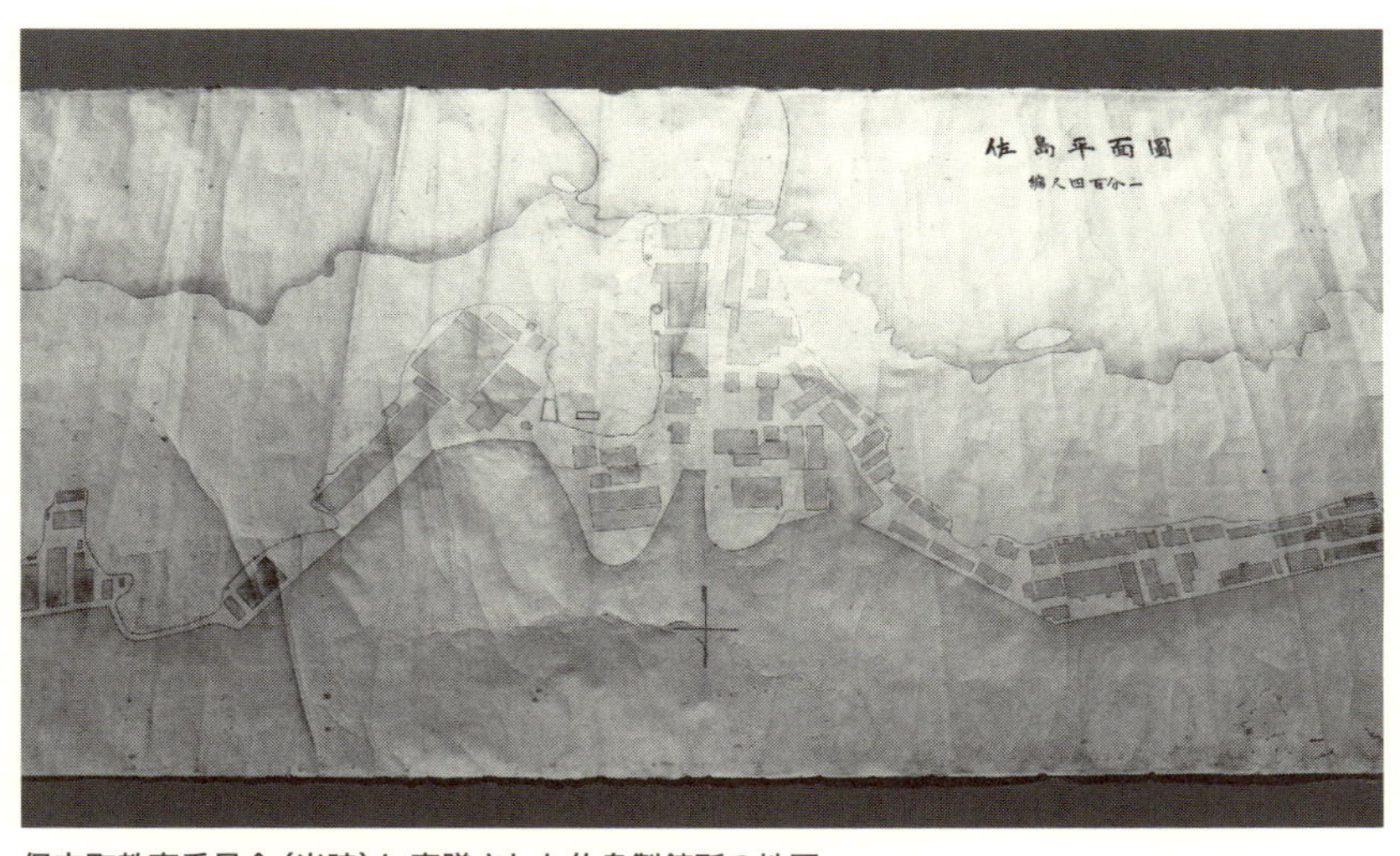

保内町教育委員会（当時）に寄贈された佐島製錬所の地図

た。

　真っ先に見ていただこうとご自宅を訪問し、しばらくお預けすることに。それから数日後のある日、先生から取りに来るよう連絡があり、驚いた。なんと、それはきれいな桐（きり）箱に納められ、保内まちなみ倶楽部の名が入れられていた。費用もきっと自腹で負担されたに違いないが、仰せのままに甘えてそれを保内町教委に寄贈することに。それまでもよく先生宅にはお邪魔させていただき、銅鉱山のことやら中身の濃い地域史のご教示を頂いたが、若い者がそうしたボランティアで町並みの発掘に関わることを、ハラハラしつつも見守ってくださっていたのだと思う。早いもので、恩を返せないままで逝かれてもう10年以上になる。遅きに失するが、自身の名を伏せて後進の面倒を見る、なかなかできないことと今は感謝の念で一杯である。

保内の残像

旧保内町の宮内川沿いに、かつて清水湯というレトロ銭湯があった。昭和11年に中岡善四郎氏によって開業した銭湯で、地名の清水町が示す通り、湧き水を利用。県内では珍しい円形の煉瓦煙突がランドマークとなっていた。年代物のボイラー釜は、かつて木蠟（もくろう）時代に使用されていたものといい、湯に入るとボコボコという釜につながる音が印象的に体感できた。いよいよ惜しまれつつも解体されたのが平成12年の3月末。せめてものこと、3月5日に保内大学で「お別れ見学会」を実施したが、前年に町行政に「近代化遺産の宝庫保内のまちづくり」を提言した後だっただけに、実に残念な出来事だった。

このように、多くの景観喪失の延長線上に今の保内がある。昨今の見学者（観光客）増を考えると、もっと真剣な官民の取り組みが問われているのかもしれない。油断していると、目の前の得難い歴史がいともたやすく消えていく。

解体前の清水湯

浴室内部（男湯）

「お別れ見学会」にて、銭湯文化研究家の町田忍氏を迎えて日本一低いと言われた番台で

第三章……広報とまちづくり

地域文化誌『ジ・アース』

故・忽那修徳氏が心血を注いだ40冊

まちづくりと地域情報について書いてみたい。

かつて愛媛には、面白い地域文化誌が存在した。その名を『ジ・アース』と言って、表紙には「コンテンポラリー・マガジン」「同時代誌」と銘打たれていた。編集発行人は忽那修徳氏。平成7(1995)年11月までの7年間で40号が刊行され、地方にあって確かな文化の鼓動を伝える貴重な存在として気を吐いていた。Ａ４変型判の仕立ては、お洒落(しゃれ)で頑固なスタイルを保ちつつ、毎号届くのが楽しみな一冊だった。

内容は、建築や町並みのこと、食文化について、民俗、環境、景観、まちづくり等々、毎回多岐にわたって地元愛媛の文化情報がテンコモリで、よくぞこれだけのネタを毎回編み上げられていたものだと、今も手に取る度に感心する。別な角度で言えば、いい意味で〝人たらし〟だとも言われた忽那さんの面目躍如の文化誌だった。そのマンパワーのおかげで、本の周囲には不思議な文化サロンが形成されてもいて、触媒作用のようにつながれた柔らかな人の交流が希有(けう)な雑誌の刊行継続を可能にもしていた。

が、突如その継続が途切れたのが、39号の刷り上がった時。麦秋の5月に編集子は急逝され、まさに青天の霹靂（へきれき）。その後、誰言うとなく文化サロンの面々があい集い、40号を仕上げることとなった。テーマは、氏が常々繰り返し言霊に乗せてわれわれに伝えていた〝境界領域〟。『ジ・アース』に関わる多くの方々が尽力され、当時、神奈川大学に籍を置かれていた民俗学の泰斗、故・網野善彦氏を松山沖の忽那諸島にお迎えして「二神島シンポジウム」が開かれ、それを元に最終号40のナンバーが成立したのだった。

結局、忽那さんが追い求めた接地線ジ・アースは、その混沌（こんとん）とした境界領域同様に、今も時折私の頭の中を甘く痺（しび）れさせる。この100ページに満たない媒体によって愛媛に播（ま）かれた文化の種は、今も少しは育っているのだろうか。せみ時雨を聞くにつけ、暑かった二神島を思い出し、せめてその種の一つくらいにはなり得ているだろうか、とわが身を反省するばかりである。

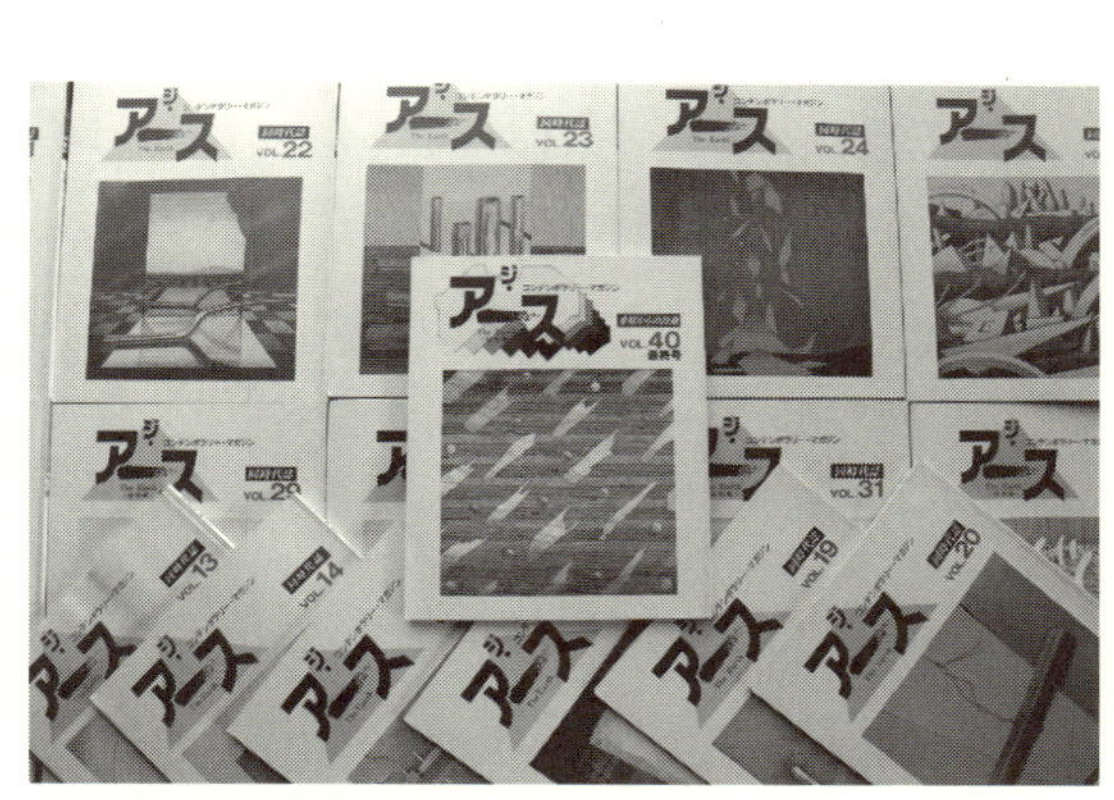

愛媛の地域文化誌『ジ・アース』

故・忽那修徳氏

森まゆみ氏と『谷中根津千駄木』

大都会に根付く地域コミュニティー

前節で紹介した『ジ・アース』の巻末には、東京で地域雑誌を編集していた森まゆみ氏も登場していた。その雑誌『谷中根津千駄木』は、昭和59（1984）年に女性3人で創刊されて四半世紀、平成21（2009）年の夏、94号で惜しまれつつの終刊となる。通称〝谷根千（やねせん）〟は、東京の台東区、文京区にまたがるそれぞれの地名を略したものだが、この雑誌人気がそのまま下町を代表する地域名称として定着する。

そればかりか、平成18年からテレビ放映された「ちい散歩」や同20年からの「ブラタモリ」などの町歩きブームは、「谷根千」が市民認知された社会背景と無縁ではないだろうと私は思っている。

手元にある数冊を手に取れば、「其の五十七」では「子規の四季」が特集されている。そう、すぐ近くの根岸界隈（かいわい）は、正岡子規が7年間の闘病生活を送った後没した地でもあり、この誌には何度も登場する。他にも下町で人知れず頑張っている粋な職人さんへの小まめな聞き取りや、そうした地域に刻まれたさまざまな有名無名の人々に光を当て、手づくり感満載で冊子は紡がれていた。

『谷中根津千駄木』

森氏は町並み保存の全国ゼミにもよく顔を出されていて、東京駅の保存や上野公園の不忍池が埋め立てられそうになった時なども、精力的に活動をされていた。雑誌取材を通じて、きっと誰よりも地域を愛し、その痛みを心根の底から知り得た者の当然の動きだったに違いない。先の『ジ・アース』誌にも運動半分、編集半分と書かれている。

あるゼミでの氏の講演では、面白い話を伺った。ある職人さんへの取材の際、その方が「森さん、情報って何だと思う？」と話を振られた時、答えられないでいると「情けに報いるのが情報ってんだよ」と言われ、その市井に生きる人の何げない言葉から感じることがあったと。丁寧に取材をし、誠実に地域の情報を編み上げて一冊の本として地域に還元し、それが受け入れられる。単なる経済活動ではない何かがそのサイクルには存在し、大東京にあってさえ書き手と読み手がしっかりとつながれる地域コミュニティーが形成されていたのだった。

全国広報サミットでの得難い経験

一方通行ではなく、双方向のやり取りを

筆者が編集を手がけた情報誌『あけぼの』

筆者が広報や活字文化に関心があるのには、いくつかの理由がある。かつて地元の建設会社でサラリーマンをしていたころがあり、そこでは広報の仕事をしていた。その会社では、少しユニークな情報紙を毎月地域に配布しており、その名を『あけぼの』といった。社員公募で決められた紙名は、もともと社内報としてスタートしたが、ある時期から地域に配布するようになり、その取材編集などを任されていた。大手のビジュアル冊子というわけにもいかず、それはA4判4ページがやがて6ページになりという、白黒の素朴なものであった。それでも次第に部数を増やし、営業マンが名刺挨拶の際に配布するスタイルで、200号を数えるころには3千部ほども発行されていただろうか。部数だけでいえば小さな町の広報くらいか。地味ではあったが、やがて市町村役場を中心に何となく楽しみにしていただく方

大正5年2月落成

建築探偵シリーズ95

芝居小屋復活の日

最近、全国の芝居小屋が実に元気だ。近くの内子座（写真）を始めとして、金刀比羅大芝居で超有名な金丸座（香川県琴平町）、熊本の八千代座、洋風芝居小屋の秋田康楽館などなど。何れもかろうじて地域に残って、殆ど老巧家屋化していたものを、町おこし的に整備復活させたものばかりである。ある時は放置し、ある時はもてはやす、何とも人間とは身勝手な生き物ではある。が、ここはひとまずシニカルな批評をさて置き、埋もれた文化に正当な光が当たる事は実に良い事だ。フレーフレー芝居小屋！。

という訳で、少し周囲を見渡すと、ありました。やはり、かつて伊予の大阪と呼ばれていた事はあります。八幡浜はエライッ！。と言っても、今は無いんですコレが。威勢のいい浜っ子たちに〝八劇〟の名で親しまれた八幡濱劇場が、やんぬるかな無残にも焼失してしまったのは、昭和46年2月の事でした。ですから今は、見ようにも影も形もありません。

内子座内部

しかし、捨てる神あれば拾う神あり、ここに貴重な記録資料が残されています。昭和9年1月着工、と墨痕も鮮かな「八幡濱劇場新築設計図」なるもの。設計施工前上建築部、と記載されており、線引きは故前上圓太郎さん。ご子息の前上設計事務所さんにお借りして立面図（下）を掲載させて頂きました。歌舞伎座（大阪）に範をとったと言われるだけあって堂々の押し出しです。紙面の都合で平面図を載せられないのは残念ですが、廻り舞台や花道、桝席桟敷が描き込まれています。外形寸法は一二一尺×一一一尺、概ね36・7m×33・6mあります。うーん、デ、デカイ。内子座の倍の建築面積だ。施主は川島一眺、建物自体が一世一代の大興業みたいなモンです。

さて、全国芝居小屋会議という粋なシンポも開かれる昨今、こうした建物の復元を考えてみるのも悪くない。建築基準法の壁が厚く高く立ちはだかりそうだが、ロマンなき所まちづくり無し。一考の価値アリ。

昭和62年9月号より開始させて頂いた当コーナーですが、今回で一まず終了させて頂きます。永らくのご愛読有難うございました。ー筆者ー

八幡濱劇場新築設計圖

『あけぼの』の１コーナー「建築探偵シリーズ」

の気配も感じるようになり、地域にそれとなく定着していった。まだ県内にはそうした企業があまり無かったころで、いくつかの周辺企業で同様の広報紙が誕生したりもした。

ある時、全国広報紙サミットという大会が岡山県久世町（現・真庭市）で開催されたことがあり、誘われたご縁で参加し、それは得難い体験となった。その町の『広報くせ』は、行政広報のコンクールで特選となるレベルの高さ。全国の有能な広報マンが結集し、内容の濃い討議があった。中でも、ＰＲの真の語源を教わったことは忘れられない。

つまり、パブリック・リレーションズの略である広報は、実は宣伝という一方通行の話ではなく、双方向のやりとりが本来の姿だという〝公衆関係〟のこと。編集という仕事は、書き手と読み手をつなぎ、その双方の情報をコミュニケートする重要な役割を担う。

見えざる読み手を信じ、必ず届くという思いの中でペンを握り、誠実に編集し情報を届ける。前節で紹介した「情けに報いる」情報の捉え方にも通じ、サミットでの体験以降、私の中では活字の持つヒューマンな可能性を信じる基にもなっている。

町見郷土館と「みつけ隊通信」

ミニコミで故郷の魅力を発信

マスコミの対語としてミニコミの世界がある。ものの解説によれば、60年代安保闘争の際に誕生した和製英語とあり、それは寡聞にして知らなかった。そんなだから、当初は反体制的な印刷物として登場したらしいが、今やミニコミも形態が多様化している感があり、社会に受け入れられる形でタウン情報誌的なものからまちづくりネットワークの紙媒体まで各種各様の展開。

その上、インターネットの普及によるブログ、フェイスブックなど、デジタル世界ではもっとすごいことになっているので、逆に情報の距離感がつかみづらくなっているからここでは触れない。コミュニケーションの相手が見えやすい、ヒューマンスケールな事例を一つご紹介しておこう。

伊方町にある町見郷土館で月1回発行されている「みつけ隊通信」。これは、「佐田岬みつけ隊」という

「みつけ隊通信」

町見郷土館で実施している「勝手講座」の一コマ

地域文化活動メンバーが醸す、Ａ４判裏表のほほ笑ましい情報ツール。身の丈に合った地域の有益な文化情報を、学芸員の高嶋賢二氏が愛情こまやかに紡いでいる。今や既に100号を突破し、ささやかな中にも確実な足取りで地域に定着していることがよく分かる。地元出身の町外在住者には懐かしい故郷情報であろうし、地道な神社の絵馬調査や国指定天然記念物アコウ樹の落ち葉清掃に汗する隊員たちにとっても、情報交換の手ごたえを実感できるツールに違いない。そうそう、ゴロリンズと称する五輪塔調査の面々も居て、ユニークな活動隊員の笑顔が行間に垣間見える。

故郷は、とかく近くに住む者ほどその真の姿が見えにくいものだが、そうした地域の隠れた魅力を、まるで薄皮を一枚一枚丁寧にはぐようにこの通信は読ませてくれる。双方向コミュニケーション、ＰＲの実践に最も必要なものは、おそらくこうした愛情の積み重ねなのではあるまいか。月一でこれが送られてくるたびに、そんな原点的なことを気付かされ、また学芸活動のじわっと浸透する魅力と醍醐味も、温かさと共に伝わることを実感する。

まちづくりと『舞たうん』

（公財）えひめ地域政策研究センターの機関誌

まちづくりに関係する人々に、この四半世紀の間それとなく喜ばれている冊子に『舞たうん』というミニコミ誌がある。ネーミングのマイタウンに込められた印象も悪くない。昭和62（1987）年のスタートで、現在は年に4回、3千部強が発行されて県内外に配布される。平成27（2015）年10月で126号というから〝継続は力なり〟のまちづくりをささやかに情報面でサポートしていて、「まちづくりネットワーキングえひめ」とある副題が、この小冊子の性格を物語っている。

もともとは、県の外郭団体として愛媛県まちづくり総合センターが昭和61年に設立されて、その機関誌として創刊された。当時のセンターは、今の道後一万、国際交流センター辺りにしばらくあって、そこには県ＯＢだった名物所長・宮本俊一氏がおられた。その後、場所の変遷を経て、機構改革により平成12年にえひめ地域政策研究センターとして再発足、その間も『舞たうん』は引き継がれ、県内の市町村や代表的企業から出向された研究員の方々によって編集継続されてきた。

毎号、柳原あやこ氏の柔らかなタッチの絵が表紙に彩りを添え、時宜を得たそれぞれの特集テーマが工夫されていて、アッという間の30ページ。相変わらず「特選ブログ　shin1さんの日記」では、〝夕日のまちづくり〟で全国的に知られる若松進一氏がナルホドという内容で読み手をワクワクさせるし、不肖ワタクシも「歩キ目デス&足ラテス」の誌面を頂戴して、いつの間にか連載が70回を超えた。「何しとるん？　早うまとめなさいや」という外野、いや天の声が聞こえてくる昨今。この冊子は、県内各20市町の広報スペースに置かれているので、一般の方にも手に取っていただければありがたい。ちなみにインターネットで「舞たうん」を検索すると、えひめ地域政策研究センターのウェブサイトから『舞たうん』バックナンバーの全てが見られる。なおデジタル派の方には、まちづくりの〝今〟が垣間見られる「研究員ブログ」がお薦め。

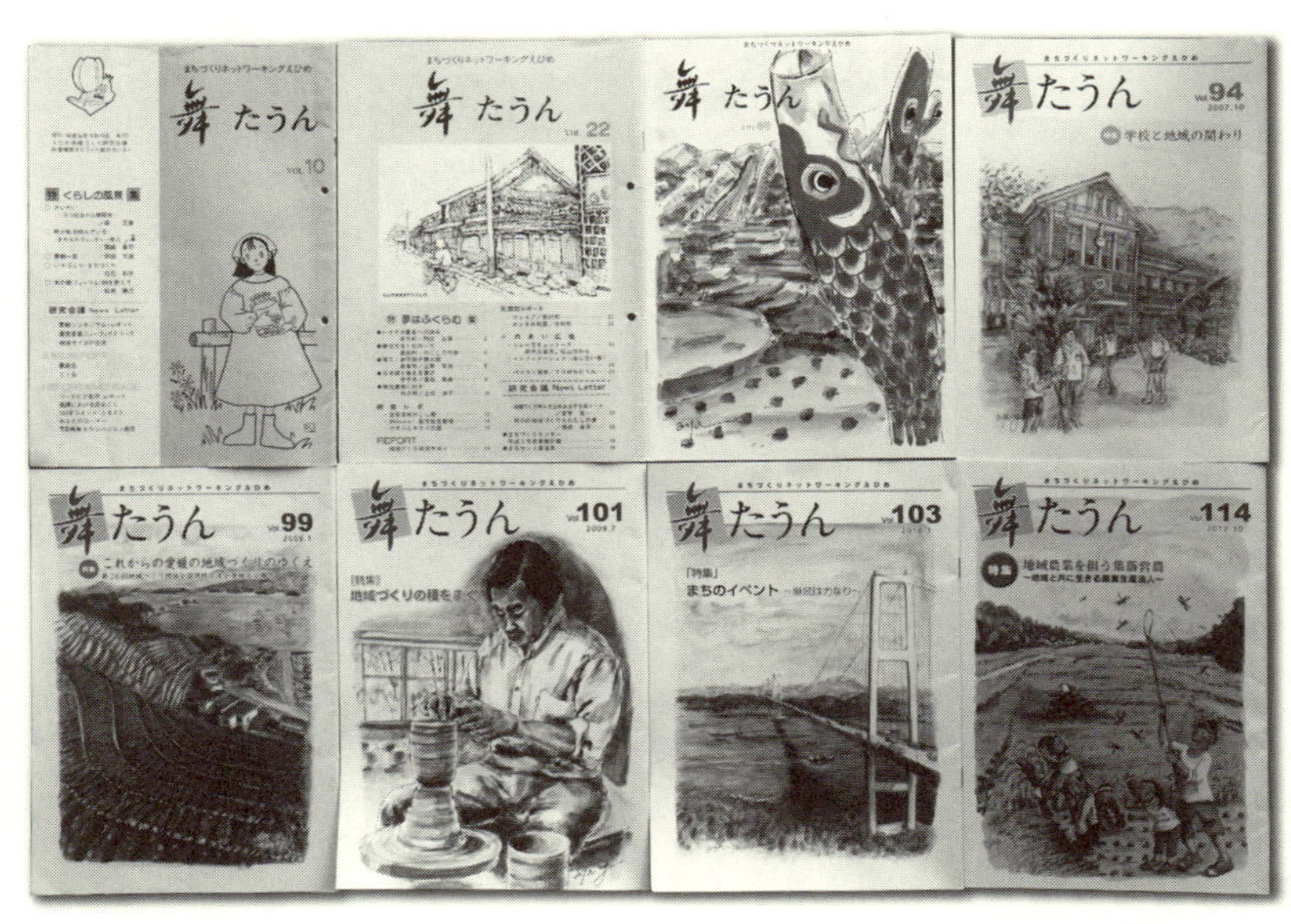

『舞たうん』

広報が持つ可能性

「広報とまちづくり」についていくつか書いてきたが、もうお分かりのように、まずはナニゴトも知られなければ始まらない。どんなに頑張っても、伝える所からしかまちづくりはスタートが切れない。そういう意味では、どうそれを効果的に正しく伝えるかに留意してコトを進める必要がある。そのためには､テレビ・新聞等のマスコミの存在は不可欠だし、ある意味人の口は恐ろしい。評判だけを気にし過ぎてもよくないが、イベントなどの企画アイデアは、その後の活動展開に影響する分、中身が重要ということにもなる。

こうして地域における情報共有に努力し、日々の工夫を積み重ねた結果が、ある時何かのまちづくりの形となって現れる。言いかえれば、地域におけるコンセンサスの合意形成である。

元々、子どもの頃の他愛ない記憶になるが、リンカーン大統領の黒人解放のきっかけとなったとされるストウ夫人の『アンクル・トムの小屋』を読んで、いたく感動したことがある。当時の私は「活字が社会を変えるのか」というインパクトで受け止めた。読み手を信じることで文章が生き、言葉が向こうに届くのだとすれば、比較が極端かもしれないが、ラブレターなども、そうした相手の心に直接訴える、文字が持つ魔力の一つなのだろう。願わくばデジタル社会の現代にあっても、地域にラブレターを送り続けたいものである。

第四章……わらぐろ

実りの秋とわらぐろ

農業の近代化で消えゆく風景

9月に入ると、さすがに季節の移ろいはあの酷暑をも和らげ、稲田を渡る風が秋の訪れを優しく伝えてくれる。

県内では、愛南町のようにお盆前後に稲刈りがある地域もあれば、愛媛も各地各様だが、ここ宇和盆地でも稲刈りが始まる。昔のように、一斉にというわけにはいかず、品種や早期の田植えによる早稲(わせ)収穫などで、あちこちで断続的な刈り取り風景がしばらく続く。農業環境も昔と比べると随分と様変わりしてきたものだ。

風景の変化と言えば、宇和盆地では決定的に昔と違う光景がある。それがご当地の風物詩「わらぐろ」の風景である。私が子どものころ、そうあれは昭和30年代くらいか。周囲の田んぼには、おびただしい群れのわらぐろが林立していた。わらぐろの立っていない田は無かったという言い方もできる。もちろん、そのわらぐろが立つ以前には、収穫した稲を干す「稲木(いなぎ)」の隊列が縦横に見られ、周囲の小高い山から眺めた時、それはそれは壮観だった。春はレンゲで一面がピンクに染まり、今思えば、あれはまるで幻であったかと思えそうな桃源郷のごとき景であった。

特に宇和盆地でも、石城（いわき）平野と呼ばれる東西約4キロ、南北3キロに広がる田園は、宇和島藩第一の穀倉地帯で、山田三千石とも呼ばれる豊饒（ほうじょう）の地。標高210メートルほどの地に、肱川の源流に近い深ケ川（ふけがわ）が中央を流れ、その東流する先に、烏殿（からすでん）（標高588メートル）の安定感のある山容が好ましい。春のレンゲ、田植えで水面が青空を映した後、夏の青田となるうちに、やがて黄金色の秋が来て、刈り入れの後は稲木からわらぐろへと移り、雪景色になるころには正月、盆地を渡る寒風の中、白い世界に黒の点在、そうこうしていたらまた必ず春が来る。そうやってこの地は千数百年を繰り返してきたに違いない。

そんな当地の奇跡のような風景を代表するわらぐろが、農業の近代化で昭和の終わりごろには、すっかり姿を消してゆくかと思われた。そこに、待ったをかける動きが出るのだが、その下りは次節。

昔はどこでも当たり前の風景だった「稲木干し」（旧保内町夢永）

昭和30年代、田んぼに並び立つ「わらぐろ」（旧宇和町）

米博物館にわらぐろが登場

〝米どころ宇和〟の文化を語り継ぐ

平成の時代も早いもので、もう四半世紀を超える。大正期が15年だったことを思うと、十分に歴史的時空間の長さだ。そうした中で、昭和の終わりごろに話を移すが、第1章に取り上げたテーマで、宇和町小学校保存運動のことに触れた。その結果、背後の山の斜面を造成して平成元(1989)年に移築保存された校舎が現在の米博物館となっている。今では長い廊下での雑巾がけレースが有名なため、〝米どころ宇和〟を文化的に理解していただくための資料展示が、ワリを食って取り上げられることが少ないが、こちらの施設の本論は実はソコである。

戦後の経済至上主義というか、貿易立国の政策を優先させるためか、第1次産業、特に米のありようについては、はなはだ心もとない昨今の現況が一方にある。だからこそ、とても地味な施設だけれども、こうしたお米の博物館などというのは、今を語る上でも大変重要な装置なのだ。昭和が終わり、平成になって保存活用された意義もそこにある気さえする。

われわれは昔から、「米」という字を分解すると八十八となり、それだけ手間がかかっているのがお米だと、誰言うとなく教わって育ってきた世代。しかし、近現代の目覚ましい進歩は、農業機械を革新させて、随分と手間いらずの米づくりになってきた。と同時に、かつて当たり前だった収穫後の稲藁（いなわら）を利活用するための「わらぐろ」も当然姿を消し、気が付けば周囲にチラホラと見かけるだけになっていたのである。

そこで平成4年から、米博物館にそのわらぐろが登場することになる。製作者は西予市宇和町西山田の上甲清氏。何か目印になるものをと、館の計らいで依頼があったらしい。そうした伏線がしばらく続いた後、ある情報が私の元にもたらされる。ご交誼（こうぎ）を頂いていた別府市在住の写真家・藤田洋三氏から、大分県安心院町（あじむまち）（現・宇佐市）で「全国わらこずみ大会」があるので、宇和のわらぐろもエントリーしないか、と。

さて弱った。私にはわらぐろは作れない。

米博物館の前に登場したわらぐろ

米博物館（旧宇和町小学校第一校舎）

「宇和わらぐろの会」発足

〝全国わらこずみ大会〟で2度優勝

平成12（2000）年11月に実施された大分県安心院（あじむ）町での第2回全国わらこずみ大会には、上甲清氏ほか有志数人での参加が実現し、九州の方々に四国の「わらぐろ」というものを初めてお披露目した。大会名にあるように九州では「わらこずみ」と言い、大分では「としゃく」という言い方もある。そのように、われわれがいつも知っていたワラグロという呼び名も、実は全国でさまざまな呼称があることを徐々に知るようになるのだが、実はこの時私は参加していない。

種を明かすと、ナンと初めてお会いする上甲さんという方に、「自分は行けないけど、とてもいい機会なので参加してもらえないか」というトンでもない失礼な頼み方をしたのだった。それでも快く引き受けていただいた時の俠気（おとこぎ）あるご縁が今も続いている。もちろん翌年からは私も参加し（役には立たぬが）、この時に準優勝、明けて平成14年には正式に上甲会長のもと「宇和わらぐろの会」を発足させて第4回大会に臨み、晴れて優勝をもぎとった。景品は当地のお米と安心院ワイン。このイベントは、正調わらこずみと創作部門があり、製作の速さと美しさ、技術、アイデアなどが競われる。平成の合併で宇佐市になることもあって、同20年に

宇和わらぐろの会ホームページ
http://www.waraguro.com

第10回を実施してこの大会は惜しくも一区切りとなるが、その間2回ずつの優勝と準優勝で愛媛のわらぐろチームは会場を沸かせ、われわれも多くのことを学んだ。

大会を仕切るブドウ農家の宮田静一氏は、農家民泊のグリーンツーリズム運動の立役者で観光カリスマ。その活動は、町を動かし県を動かし、旅館業法という国の法律まで変える動きとなる。その安心院町グリーンツーリズム研究会の綱領の一つには、「都市との交流により町の基幹産業である農業を守り育て、発想を変え、新しい連携の下、経済的活性化により農村の一軒一軒の足腰を強くする運動」と謳っている。

わらこずみ大会も、そうした戦略的一環で開催されていたものだったが、理屈はともかく、各地で頑張っている農の匠たちのパフォーマンスは、見ているだけで楽しく元気の素があふれた光景なのだった。

第５回わらこずみ大会にて。左から２人目が上甲会長。この時は特別賞を受賞（平成15年11月９日）

同大会の創作部門の一作品

飛騨高山の「藁をツクネル青空工房」

日本各地から〝藁積み〟の匠が集う

平成14（2002）年に「宇和わらぐろの会」が発足するきっかけとなった理由は、大分県安心院町の「全国わらこずみ大会」の他にもう一つあった。これまた別府の写真家・藤田洋三氏からのオファーであったが、岐阜県にある飛騨・世界生活文化センターで「藁（わら）をツクネル青空工房」という企画があるのでぜひ参加してほしいというもの。名誉館長は俳優の渡辺文雄氏だという。やはり「向こうで愛媛のわらぐろを作ってほしい」とのこと。

内容を深くは理解しないまでも、愛媛の代表として製作披露するからには、これまでの有志参加では心もとない。新メンバーも募り、過去2回の安心院での製作体験に余勢を借りて、ともかくも会が正式にスタート、いざ飛騨高山を目指すこととあいなった。

当地の会場となった田んぼに到着したその日、頭上にはまさに企画通りの青空が広がっていて、〝ツクネル〟というのが藁を〝積む〟ということだともその時関係者に教わった。藤田氏から紹介された地元の仕掛け人は、カリスマ左官として有名になりつつあった挾土（はさど）秀平氏。渡辺名誉館長の挨拶に始まり、いよいよ製作開始。地元の人々に交じって、各地からの農の匠（たくみ）たちが所定の場所にある藁を運び始め、あらかじめ決められた箇所にそれぞれ自慢の藁塚を作り始める。地元の飛騨地方は「ワラニョウ」、安心院からはもちろん「ワラコズミ」、島根県大田市からは「ヨヅクハデ」という独特な稲木の一種が登場。ヨヅクは、かの地で「ミミズク」の呼び名で、形が似ているのでそう言い、ハデは「ハゼ架け」と同義である。製作する方には安心院での顔なじみも居て、笑顔で再会を喜びつつも、身体の動きは既に競技モードである。やがて一番早くに愛媛の「ワラグロ」が完成し、そこここで他の藁塚パビリオンも立ちあがってゆく。

またとない秋晴れの中、エントリーした各地各グループそれぞれの藁のオブジェたちによって、それは夢のような不思議な田園風景となり、そこに居る人みんながいい汗をかき、自然な笑顔でめいめいが会話をはずませているのだった。

その夜、懇親会場は大盛り上がりとなり、渡辺名誉館長との歓談中、何と愛媛での全国大会を数年後に実施することが決まってしまった。いや、お酒の勢いはオソロシイ。

島根県大田市のヨヅクハデ

「藁をツクネル青空工房」にて、渡辺文雄名誉館長（上列右から2番目）と。その左が藤田洋三氏（平成14年10月13日）

わらぐろミュージアムを開催

宇和が舞台の〝わらぐろ全国大会〟

わらぐろの全国大会に向け、早速翌平成15（2003）年には、予行演習も兼ねて県内版「遺し伝えて〝わらぐろ〟文化」ミニフォーラムを実施した。会場は宇和盆地でも最も広い石城地区の、公民館横の圃場。秋晴れの下、田んぼには20基ほどのわらぐろが立ち並び、舞台は上々。地元集落の山田、西山田、岩木、小原などに加え、大分の「ワラコズミ」も友情参加。わらぐろ文化を顕彰するきっかけを作っていただいた写真家・藤田洋三氏が基調講演で登壇、鏝絵や藁塚など、表舞台からは忘れ去られた民の手仕事を撮り続けている氏らしい言霊が次々に発せられてゆく。多くを掲載できないが、「各地のまちづくりにおいて、都市計画はあっても田舎計画が無い。目の前の課題解決を棚上げし〝目前考後〟の状況に陥っている」と世相を喝破。参加者も、農の匠たちが紡ぐ藁に触れ、竹の器にもられた新米おにぎりを頬張り、さまざまな農業を取り巻く環境について考えるいい機会となった。

こうした前段階を踏まえ、いよいよ来年は全国大会実施へと。時は瞬く間に行き過ぎ、諸準備を詰めつつあった平成16年の夏、思わぬ訃報がもたらされる。先年、飛騨高山の藁イベントでご交誼を頂き、本番での基調講演を約していた俳優の渡辺文雄氏が、急性呼吸不全で他界さ

宇和で開催された「わらぐろミュージアム」全国大会（平成16年10月24日）

れたのだ。享年74だった。半年前には松山での講演時にお会いし、氏も宇和での再会を楽しみにされていて、別れ際にポン菓子の大きなビニール袋を土産にお渡しすると、とてもうれしそうな〝くいしん坊！　万才〟のお顔をされていたのが、今振り返ると印象深く懐かしい。

　ともかく全国大会に赤信号、秘書の方の計らいもあり、何とか助っ人として急場を救ってくださったのが女優・日色ともゑ氏であった。急ぎ2カ月で本番に間に合わせ、「わらぐろミュージアム」を実施したのだった。が、一難去ってまた一難、直前に大雨、当日の朝は会場である田んぼのアチコチがぬかるんでいた。それでも開始時間には好天に恵まれ、午前中はチームごとに自慢の藁塚を製作。島根県からはヨヅクハデ、大分県と熊本県からはワラコズミ、もちろんわが方からはさまざまなグループのわらぐろが立ち並ぶ。午後の日色氏の講演も、新潟に田んぼを所有するだけあって、素敵な内容のお話だった。

わらぐろミュージアムII

ふるさとの当たり前の良さに気付く

全国大会としての「わらぐろミュージアム」は、副題を「我われの藁わらまつり」とした。国連の「国際コメ年２００４」での開催だったが、その意味で基調講演を急きょ引き受けてくださった日色ともゑ氏は、最適のお方だった。「劇団民芸」に所属され、故・宇野重吉氏に師事、その魅力ある講演内容を、いくつかの断片でお伝えしたい。

演劇人の他にもう一人の農民の顔があり、新潟に1反ずつの田と畑を所有しておられる。当地で朗読劇「ヒロシマ・ナガサキこの子たちの夏」に参加されたご縁で、謝礼の代わりに地域の方から田畑を頂戴されたという。稲刈りには劇団の人も協力、田植えには地元の子どもも加わるという交流の中で、ヒルやヘビの区別もつかない現状を知り、「これは大変なこと、日本の文化はどうなる」と思われたらしい。農家の子どもでも田に入らない時代となっていることに愕然（がくぜん）とされ、老いも若きもが米作りに参加することで、世代間の交流が生まれ、地域が覚醒する体感を話された。

また、ヒロシマ・ナガサキをくり返さないことが私の仕事の原点だとも。会場の田んぼそばにある石城公民館には、地元から出征し戦死した方々の遺影が今も飾られていて、それを引き合いに、その今ある平和を守ること、ふるさとの身の回りにある当たり前の良さに気付くこと。続けて、だからこそ米作りという日本の文化、「わらぐろ」も稲木（新潟では「はざかけ」）も、いいものは未来へ残していかないといけない。

この講演のきっかけとなり、交流のあった故・渡辺文雄氏に対しては、「だんだん似てくる癖の、父はもうゐない」という山頭火の句を引用して追悼された。芝居を通じたさまざまな人々との出会いで、林業も農業も漁業もみなつながっていることが分かり、勉強が広がってきたとも。吉野弘氏作「祝婚歌」の朗読では、青空のもと田んぼで聴く張りのある声に参加者たちは魅了された。「二人が睦まじくいるためには　愚かでいるほうがいい　立派すぎないほうがいい」という有名なあの詩である。

毎年11月3日、恒例となっている松山ロープウェイ街での「城下門前市」への出店も、思えばそれは渡辺・日色両氏のエールを受けての活動の一環でもあるのだ。

「わらぐろミュージアム」全国大会にて、農業改良普及所チームとの記念撮影に応じてくれる日色ともゑ氏（平成16年10月24日）

わらぐろライトアップ

圃場に浮かび上がる幻想的な光景

平成24（2012）年12月20日から毎夕点灯してきた「わらぐろライトアップ」には、大勢の方が見学に来られた。場所は宇和盆地の石城小学校南側の圃場、「宇和わらぐろの会」の小屋が目印だ。この冬は、12月24日に積雪があり、ちょうどホワイトクリスマスの風景が醸された。昼間の白銀世界もオツなものだが、暮れなずむころの雪のライトアップは特に幻想的で、多くのカメラマンが寒風の中に立ちチャレンジされていた。

このイベントを始めてもう9年になる。「わらぐろミュージアム」全国大会実施の年の暮れがスタートだった。えひめ町並博の後押しで、照明器具を入手できたことも大きかったし、目的の一つは既に始めていた「わらぐろ写真展」への応募期待にもあった。加えて、帰省中の方々に少しでも故郷の風景を印象づけてもらいたい、そして都会に戻り普段の生活が始まってからも、そんなシーンを思い出し勤務先で故郷自慢などしてもらいたい。後は、〝わらぐろ〟というまさに絶滅危惧種のような農の文化に、文字通り光を当てたかった。

それまでも、宇和にはよくアマチュアカメラマンの方が姿を見せており、当地特有のわらぐろ風景は、格好の撮影モチーフとしてよく知られた存在でもあった。これに夜間光を当てたら、きっと奇麗だろうな、撮影したくなるだろうなという発想だが、インスピレーションはもう少し時をさかのぼる。

昭和62（1987）年に『野辺風韻』という名写真集が亀田日生氏によって世に出る。その著には、宇和盆地の美しい風景が余す所なく掲載されているが、その中には私にとって特に印象的で忘れられないハッとする写真があった。おびただしいわらぐろの群れに夜間一基ずつライトを当て、天空の星の光跡が円形に写り込む時間の長さで撮影された入魂の一枚。この世のものとは思われないような自然と人工のコラボで醸される、そのファンタジーにすっかり魅了されたのだ。

今回のライトアップは1月7日で終了したが、大みそかも元日も休み無しで連日発電機を起こしてくださった宇和わらぐろの会有志の皆さん、本当にご苦労さまでした。寒い中会場に足を運んでいただいた多くのカメラマンの皆様、深く御礼申し上げます。

多くのアマチュアカメラマンが訪れるわらぐろライトアップ（平成25年1月6日）

藁という漢字

最も値打ちの高い草木だった〝ワラ〟

多くの人と出会い、さまざまな活動をさせていただく中で、時折愉快な学びを得るきっかけがあり、そのことで多くの事柄に思いいたることがある。この「藁」という漢字もその中の一つ。のんきな話で、今はもう誰に教わったのかさえ失念の体だが、意外に知られていないこの字に実はとても愛着を感じている。

すぐに「わら」と読んでくれる人には話が早い。でも、講演の際やまちづくりの場面、あるいは飲み会などでいろんな人に問いかけてみた私の実感では、読める人が半分程度。書ける人は1割いくかいかないか。ある時、愛媛大学農学部の学生たちに話をする機会があり、一抹の不安を覚えつつも、このマイナーな漢字を思いきってぶつけてみた。すると、案の定書ける人が居ない。そこで少しでも覚えて帰ってほしいので、こんな話をしてみた。

字を分解すると、草カンムリに高い木と書く。つまり、草木の間で最も値打ちの高いのが〝ワラ〟だと。では、なぜワラは値打ちが高いのか。かつてはさまざまな生活の場面で、至る所にワラが利用されて暮らしが成り立っていて、ワラの無い生活は考えられなかった。身の回りでワラを使った物を、考えるだけ挙げてみてほしい、と。

それでどうかと言うと、大方の読者のご想像通り、今度もこれがナカナカ出て来ない。酪農の飼料、畳、ワラ屋根、ウーンとなる。しかも畳は中身はワラだが、主役は藺草(いぐさ)であるし、最近は中身の芯素材がスタイロに取って代わられている。なおかつ、ワラ屋根もあるにはあるが、茅葺(かやぶ)き屋根と混同している様子もあってこちらもドギマギ。農業で最も必要としてほしいが反応は弱い。しかし、農学部の学生の肩を持てば、彼らの知的レベルに問題は無い。社会の激変ぶりがそうさせているに過ぎないのだ。ワラを必要としない社会。

気を取り直して、民家の壁土の中には大量のワラが仕込まれていることや、縄や筵(むしろ)、注連(しめ)飾りの話をした。ワラの漢字を書けたり読めたりすることが、農業の全てを分かることではないけれど、瑞穂(みずほ)の国と呼ばれた（いやこれも若い人には死語に近いが）、この国に生まれた以上は、常識の範囲内に置きたいと思うのだ。そう、こういう時に使ういい言葉がある、〝藁にもすがる〟気持ち。

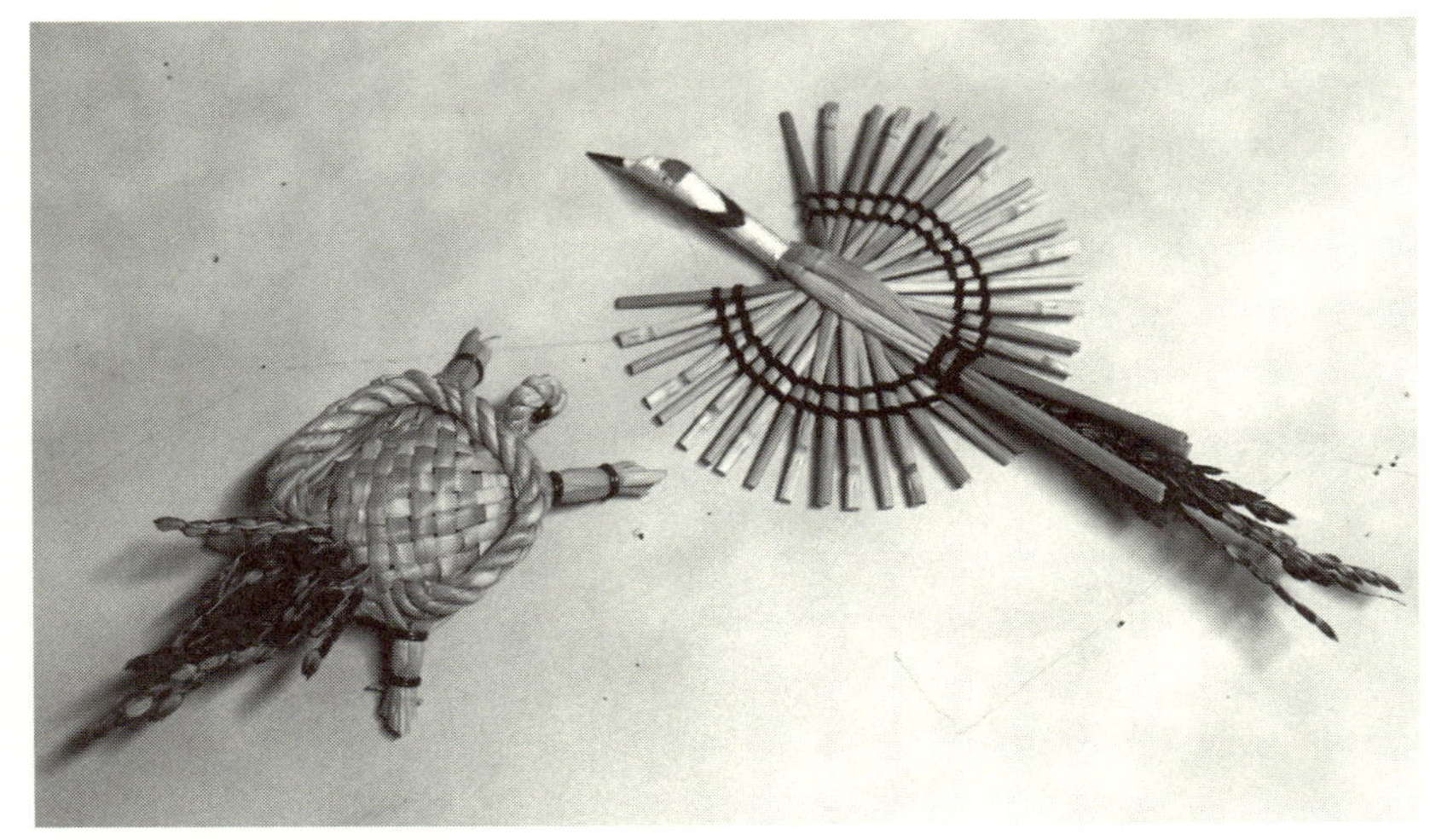

鶴亀の藁細工（上甲清会長作）

“わらぐろ”から見えること

日本という国は不思議な国だ。中国大陸から米文化が伝わると、弥生時代以降は米作中心の農業が始まり、明治になると急速な近代化によって殖産興業の道をまっしぐら。特に一敗地にまみれた戦後にあっては、経済復興を錦の御旗に、原料を輸入し加工製品を輸出する貿易立国の国家経営が基本となって現代に及ぶ。気が付けば、平成に入ると食料自給率（カロリーベース）が5割を切り、今や4割も切っている。穀物類だけだと3割に満たない。農業従事者を見れば、平成26年度で全人口の2％弱である。

視点を変えて“瑞穂の国”と言い慣わされてきたこの国の姿をもう少し客観視してみよう。5月末頃には、毎年天皇陛下が田植えをされる。11月23日には、宮中にて五穀豊穣の収穫祭として古くより新嘗祭が執り行われている。この日は国民には勤労感謝の日としての認識なので、かなり農作業のイメージとは縁遠くなってしまっているが。

いずれにしても、エリザベス女王が麦踏みをしたり麦刈りをしたりしているニュースは聞かないので、天皇家の祭事は米づくりで成り立つ日本国の素晴らしく文化的な象徴と言える。

でも、地方でさえ“わらぐろ”は死語に近いし、藁の漢字もほとんどの人が頭に浮かばない。この現実が、我々が受けて来た戦後教育の姿だとすれば、「何とかしないとナー」とつい思えてしまう。

第五章……タウンツーリズムとガイド

愛媛には「路上観察」の素地がある

町並みの魅力を探す新しい手法

まちづくりからチョッと離れて一休み。町並みの魅力探しに当たって、とてもいい見方のトレーニング法があるので紹介したい。私の解釈では、それが路上観察だ。

昭和60年代ごろから静かに社会現象化してゆく路上観察は、後に高齢化を老人力とエネルギー転換させた柔軟思考の赤瀬川原平氏、元祖建築探偵の建築史家・藤森照信氏など、ユニークな多士済々によって始められ、新しい都市の観察手法として話題となる。説明を省くが、原平氏の無用の長物を探すトマソンなる用語や、藤森氏の西洋館探訪、あるいは林丈二氏のマンホール、南伸坊氏のハリガミ考現学など、いずれもそれらは新鮮でワクワクするモノの見方オンパレードであった。

わが愛媛でも、藤森氏の講演会をきっかけとして「えひめ路上観察友の会」の発足を見るのが昭和62（1987）年だから、捨てたものではない。氏は講演でこう言ったのだ。「愛媛には路上観察の素地がある。松山に代表される俳句の文化がそれ。そうした観察力をカメラに収めればイイ」。なるほど、とわれわれは思った。見たままに季語を入れ、五七五に納めれば短詩型文学の妙、俳句となる。ハイクはハイキング、つまりはカメラで目のハイキングをすればよい。

〝吟行〞ならぬ〝観行〞か。

平成に入って、松山市のまつちかタウンでウオッチング写真展を数回やって市民権を得、愛媛新聞でも友の会メンバーで「街角のホームズ」と題し、連載をさせていただいた。県内各地を仲間と歩き、マンホールや面白物件に遭遇しては喜んでいたころが懐かしい。そうして結実した同名の一冊『街角のホームズ　えひめ面白散歩学』は、まだ本屋さんにあるだろうか。

読者の皆さんにはちょうどいい機会がある。松山市小坂の乗松巌記念館エスパス21では、毎年「ユーモア路上観察展」を開催。出展される風刺とエスプリの効いた写真の数々は、街の楽しみ方に一助となるだろう。

『街角のホームズ　えひめ面白散歩学』

第13回ユーモア路上観察展関（平成27年）に出展された乗松毅氏作の「おたたさん」

タウンツーリズム講座

明治、大正、昭和の残る八幡浜でスタート

遺(のこ)し伝える、という活動にはさまざまなスタイルがあり、私の場合の一手法としては「タウンツーリズム講座」と称するものがある。これは、最初に八幡浜で平成6（1994）年から5年間実施したものだが、市の文化センターで文化講座の一つとして開講した。スタートに当たり、当時口利き役を買って出てくれた愛媛県職員の井野優治氏にはとても感謝している。なぜなら、行政に前例のない事柄を認知してもらうのは通常は相当に至難で、タウンツーリズムなどというのは、県内のどこにも存在せず誰も言ってなかったし、私の造語に他ならない。そんな海のものとも山のものとも分からないような講座の開設は、普通ならスンナリはいかないのが常識なのだ。

そのころ、まちづくり世界でボツボツと言われ始めていたグリーンツーリズムやアグリツーリズムという言葉があり、ならば町探索のウオッチングは「タウンツーリズム」ではないか、と思えた。見る側の視点一つ、目の置きどころ次第では、町にあってもアプローチする側の意識次第で十分憩える癒やしの時間が体験できる。事実、八幡浜という町は、戦災に遭っていないこともあって、至る所に戦前期の明治、大正、昭和がころがっていて、中には江戸期も垣間

見える。そんなウオッチング素材には事欠かない絶妙な味わいの町だからこその船出でもあった。

もう一つの一念発起の理由は、そのころの保内町での活動は、先に紹介したが、「保内まちなみ倶楽部」でのカラミ煉瓦(れんが)の活動が実績を結びつつあり、八幡浜でも何か事起こしをしなければ、と日々思案中であった。今でこそ両者は平成17年に合併して八幡浜市となり一体の形となったが、そのころは隣町の動きでわれ関せず状態だった。名坂峠一つ越えただけで、人の物心の交流というのは意外にたやすくない。

ともかくも、ありがたいことに公募で25人が集まり、講座はスタートした。50代60代の女性が多かったが、インドア講義をはさみつつ野外フィールドを中心にいろいろな所へ出かけ、精いっぱい案内をした。元気な年上の女性陣に引っ張られる態で、こちらも多くの学びがあった。

八幡浜市のタウンツーリズム講座で開催した市内銅像巡りの様子。愛宕山の山本競翁銅像（上）、愛宕中学校の野口英世像（下）などを見学（平成８年７月14日）

歴史的建造物でピアノコンサート

受講生OBの「持ち送りの会」が活躍

当初の八幡浜におけるタウンツーリズム講座は、年8回の中で例えば「ウオッチング入門編」として町並みの魅力探しのコツなどを室内講義で伝授した。昨今の目まぐるしいデジタル化で、最近はスライド映写などトンとお目にかからなくなったが、暇を見つけてはポジフィルムで撮影した町のお気に入りショットを、これでもかこれでもかと、受講生たちに見てもらった。冷静に振り返れば、思い入れ満載の一方的な話に、よく受講された方々が辛抱強く耳を傾けてくれたものである。講義だけではフラストレーションもたまるはず、たまの町歩きが結構ハマったものか、熱心に通ってくださった。

ウオッチングは、首の柔軟運動でもあり、視線の上下、前後左右への目配りでもある。意識の中では日頃は目を向けない路上や屋根の上を、あえて見るように心掛けると、面白い飾り瓦やマンホールのデザインだって気になってくる。商人の町・八幡浜の建築的特徴である庇(ひさし)を支える「持ち送り」にも目を向けてほしかった。大げさに言えば、そうしたことの積み重ねが、無関心から次第に故郷への関心に向き、市民が少しでも町の変貌ぶりに気づくようになれば、少しはまっとうなまちづくりにつながるのではないか。あのころは本気でそう考えながら話す前がかりな自分が居た。

そんな折、3年目の平成8(1996)年暮れに、受講生OBでもある「持ち送りの会」(二宮キミ江代表)の皆さんと一緒に、愛媛信用金庫八幡浜支店で開催させていただいたイベントが忘れられない。「河野康弘ジャズピアノ・コンサート」。河野氏は、古くなってお役御免のピアノに息を吹き込み、海外のピアノが無い開発途上国に贈る演奏活動を全国各地で行っていて、別名「冬眠ピアノお目覚めコンサート」の音楽活動家。

実は、信金の建物は旧五十二銀行の支店だった由緒があり、レトロな洋風建築で、老朽化による建て替えが取りざたされていた。だからこの時のピアノ演奏は、この町では初めての歴史的建造物を使った音楽イベントだったのだ。市民の反応も上々で、行政も関心を向け、市長(当時)の「残す」発言まで飛び出した。それで安心をしたわけでもなかったが、このままトントンとはいかないのが世の常。

愛媛信用金庫八幡浜支店で行われた「河野康弘ジャズピアノ・コンサート」(平成8年12月13日)

旧五十二銀行八幡浜支店の解体

八幡浜から次々と消える歴史的建造物

結局、大正11(1922)年に建築された歴史を持つ旧五十二銀行八幡浜支店が、ついに取り壊されたのが平成11(1999)年の年明け、まだお屠蘇(とそ)気分も抜けきらないころだった。前節で書いたジャズピアノ・コンサートから2年とちょっと。御歳77歳、喜寿にしてこの大正モダンは消滅した。新町商店街と船場通りがクロスする、その一角を占めていたが、今は新町ドームと呼ばれるイベントスペースに替わっている。

もともとこの通りは、八幡浜信用組合だった毛利家をはじめ、昭和11(1936)年には豫州銀行本店(今の伊予銀行八幡浜支店)、さらには高知の第三十七国立銀行を元とする安田財閥系の四国銀行、加えて香川銀行と各支店が並び、まさに銀行通り。大げさに言えば、八幡浜紡績や岡田製糸などの〝糸へん産業〟で湧き、〝伊予の大阪〟とも呼ばれた八幡浜の経済中枢、ミニウォール街だったのだ。

『まちのデザイン・歩キ目デスは見た!』

ちなみに、明治6(1873)年に第一国立銀行の開業によってスタートしたナンバー制の銀行は、同10年には川之石に第二十九国立銀行が認可設立され、翌年県内の先陣を切り営業開始となる。次いで松山に第五十二国立銀行も小林信近により開設されるが、歴史の綾（あや）をたどると幕末期の宇和島藩主・伊達宗城がやがて大蔵卿となり、西洋の銀行法導入という展開だったことを考える時、故郷の金融史にも親近感が湧くというもの。

　ともかく、この歴史建造物の喪失は、自分にとってはかなりショックな出来事だった。何とか八幡浜の魅力を世に問いたいために『まちのデザイン・歩キ目デスは見た！』を創風社出版から出したのがコンサートの翌年。他にも写真展やミニ講演会、書くこと、話すこと、撮ることなど個人でできることはおおむねやっていたころで、おかげで地元紙にもよく記事にしていただき話題づくりにはなっていたが、その間の世間の動きは容赦がない。新川べりの和風の魅力もゆかしい千代田旅館に続き、浜之町の江戸期の長屋解体、そしてとどめが五十二であった。もう八幡浜での歴史的まちづくりは無理なのか、とそう思わされ落胆した。

　保内では、前述のタウンツーリズム講座開始の年に旧白石和太郎洋館が購入保存され、さまざまな活動の成果が表れ始めていただけに、そうした落差に深く深く落ち込んだのだった。

解体直前の旧五十二銀行八幡浜支店（平成11年1月5日）

解体の様子（1月26日）

愛媛蚕種が登録有形文化財に

喪失感の共有がまちづくりの原動力

前節の続きとなるが、意中の建物が撤去解体される際の喪失感というのは、関心を持つ者と無関心な人々では、当然相当な落差がある。これは人に例えると分かりやすい。

つまり、建物の更新というのは、古い建物にとってのお葬式であり、ご臨終の場面である。人であれば生前を偲び、霊よ安らかにと願う。そうして一同に悲しみを共有し、別れを惜しみつつも再起への節目とする。

でも建物の場合は、そのほとんどが養生シートに覆われた中で解体され、あまり人の目には触れない中で一つの歴史が消滅する。人は、一般的にそうしてできた更地を見て、「アレ、ここは何の跡地だったか」という程度が大多数の反応である。平たく言えば、人と町の関係性はそんな程度の冷たい距離感で成り立っている。他人の死を身内の死と同じレベルで受け止めるのは難しい。

私はよく歴史や町並みに関心のある人に、できるだけそうした事物が解体する際には、現場でそれを見ておくように勧める。それはある種つらい立ち会いでもあって、できるだけ見ないようにするのが人情でもあるが、それをあえて見ておく、記憶にとどめる。すると、重機で簡単に壊されていくシーンを見て、誰しもが惜しい、あるいは何となくの喪失感という人間らしい情感にいやでも浸ることになる。

文化的なまちづくりや、歴史景観を守る運動、あるいは自然保護などの環境運動には、この喪失感の共有という情のつながりがとても重要なファクターとなる。あまりにも未曽有の出来事で比べようもないが、東日本大震災の惨状も、復興への希望やファイトがあるとすれば、そうした喪失感から来る連帯意識や心の渇きが原点であるようにも思われる。失ったからこそ元へ戻ろうとする強い心。

さて八幡浜のこと。次々と歴史的建造物が失われていき、人づくりもままならぬ。そんな折、保内の愛媛蚕種株式会社の建物（旧日進館）が、民間所有としては県内で初めて※国の登録有形文化財となった。当時、故・兵頭義雄会長は病態を押して、日本の近代を支えた養蚕業の元である蚕種業旧日進館の事歴もまとめられ、とても励みになったものである。

※登録有形文化財……平成8年の文化財保護法改正により設けられた文化財の登録制度で、平成27年9月1日現在、国内では1万197件の建物が登録されている。愛媛県は113件。

国の登録有形文化財となった旧日進館

地域の歴史を記録することの重要性

旧八幡浜繭糸売買所の焼失

前節で、まちづくりに必要な喪失感の共有について書いたが、書きながら思い出したことがある。あれは昭和62（1987）年ごろのこと。八幡浜市の新港に面して、ヒロタ商会というレトロ建築の姿があった。現在は、その新港が埋め立てられ市商工会館や県地方局の支局が立っているが、当時は4階建ての望楼付きで洋風木造の特異な形が、海面にその印象的な姿を映していた。気になる建物だったので、思い切って取材をしたことがある。

54ページで、かつての勤務先の広報『あけぼの』について書かせてもらったが、その中の建築探偵シリーズの皮切りとしての取材だった。あのころ、建築史家・藤森照信氏ほか著『建築探偵術入門』から建物の見方、洞察力に強い感化を受け、藤森氏の『建築探偵の冒険・東京篇』紹介をした後、あろうことか八幡浜版を書いてみようと思い立つ。背中を押してくださったのが、地域の歴史に造詣が深い印刷会社社長の菊池住幸氏。その第1回がこの建物だった。

調べると、昭和5年に建築された「八幡浜繭糸売買所」だったことが分かる。当時の南予は、大洲盆地、宇和盆地、鬼北盆地などを中心に養蚕業が活況を呈し、それに伴う製糸会社が林立の態、愛媛県は西日本一の養蚕県となっていた。地域の繭糸取引はますます熱を帯び、ここ港町八幡浜においてもそうした時代背景による大きな商いが成立していたことになる。

ところが取材の1週間後、何とその歴史建造物が火災で焼失してしまったのだった。青天の霹靂（へきれき）とはこのこと。外壁が洗い出しのモルタル仕上げだったので、全容はかろうじて立ち残っていたが、かつて市場だったころの大空間を支えた木造トラスの屋根架構は、無残な姿になっていた。やがて当然のように取り壊され、あの時点で県内唯一だったと思われる木造4階は、こうしてわれわれの目の前からアッという間に姿を消した。

私は思った。地域の歴史は誰かが書き留めねばならない。行政にも市民側にも、そんな記録する制度システムが無い以上、誰からも見捨てられた状況下で地域の歴史が雲散霧消する。そんなアーカイブスの重要性が、やっと昨今は言われるようになってきた。

在りし日のヒロタ商会

レトロな街灯

火災後、解体される様子

地域を語るガイド育成に苦戦

〝知る〟と〝教える〟の違いに気付かず

「遺し伝える」というテーマには、書いて記録することのもう一方で、重要な役割の仕事がある。それが地域ガイドだと私は思っている。誰がその地域を案内し、誰がその地域の歴史を語るかによって、その地域は正しく情報が伝わるかどうかに分かれる。これは、観光地のガイドだけをイメージして言っているのではない。どんな地域にもそこに人が住む限り、さまざまな歴史の積み重ねがあり、それらをどう語り継いでいくかという視点である。

知らない町に行ってタクシーに乗る。車内で数分の短い会話を交わした際、きちんとその町の良さを紹介できる運転手さんと存外何も知らないタイプの2通りがある。「この町には何もありませんよ」と自嘲気味に言うドライバーにも少なからず出くわし、そう語られるその町に同情したくなったこともある。

初期タウンツーリズム講座では、何とか八幡浜の町だけにはしっかりと魅力を語れる一般市民が少しでも増えるようにと腐心した。そのうちに欲も出て、うまくいけばガイド育成もと。ところが私自身の大きな勘違いにやがて気づくことになる。町を見る楽しさとその魅力についてはある程度伝わったと感じ始めたころ、もうそろそろ大丈夫かと判断して受講生ＯＢの方々に町並みガイドの話を持ち出してみた。でも事はそう簡単には運ばなかった。それは、町を見る楽しさが分かって付いて回る受け身な気楽さと、自分で町を案内するという行為に、実はとても大きな開きがあることに、当時の私は全く気づいてなかったのだった。きっとこちらの思いこみで、多くの方にプレッシャーを与えていたに違いない。思えば迷惑な話である。幾度か恐る恐る勧めてはみたが、誰も乗ってくる人はいなかった。

観光客がほとんど立ち寄らないこの町で、そもそもガイドを必要とする発想が市民の側には無かったのである。もちろん行政にもその気配はない。さて困った。次々に主要な建物は壊されていく。せめて語り部となるグループの結成でもと思うが、それもままならない。

そんな八方ふさがりの月日が流れ、諦めかけていたころに、思わぬ救いの神が現れる。それが受講生ＯＢの菊池勝徳氏だった。平成13（2001）年の秋、氏の呼び掛けによって「八幡浜みてみん会」が奇跡のように誕生する。

「八幡浜みてみん会」の面々

「八幡浜みてみん会」の発足

故郷を愛してこそ成立する地域ガイド

さて、無事に発足することとなった「八幡浜みてみん会」は、菊池勝徳会長のもと、活動が15年を超えた。当初は、「メセナ八幡浜」という毎年秋の絵画展開催時、土日の来訪客にアプローチすることからスタート。「良かったら町を歩いてみませんか」と勇気を出して声掛けする、恐る恐るの船出であった。最初は空振りも多かったが、やがて数人が数十人となり、平成26年は年間で610人を案内した。それは観光地発想からすれば決して多くないほほ笑ましさ。しかし、八幡浜ファンを確実に増やしている実数なのだと誇っていい。ある意味、事前にこの町に期待を寄せて来られる方々は多くはない。だからそこに新鮮な驚きと喜びがあり、ささやかなお得感も漂うのだ。

今では笑い話の、会発足前夜のエピソードがある。私の友人が家へ訪ねてきて真顔で聞く。「本当に八幡浜は案内しても喜んでもらえる町か?」と。タウンツーリズム講座によく出てくれて、この町を理解してくれているとばかり思っていた同級生にしてこの言。ガイドの会を立ち上げると誘われたものの、よほどの不安があったのだろう。観光地でないこの町は、ニーズが無いのだから無理もない。

県内を見渡しても、最近はたくさんのボランティアガイドの団体が誕生している。しかしそのほとんどは、最初にいくらかでもある程度の入り込み客数があって、そのニーズによってガイドの必要性が住民、あるいは行政から発想されて発足する。従って、その案内は残念ながら観光エリアに限られることが多い。うがった見方をすれば、エリア外のことは知らなくても観光要件だけ説明できればガイドは成立する。

みてみん会では何が違うかというと、観光客が来るから案内するのではなく、この町が好きだから、町の全体をもっと知ってほしいから案内するのである。観光が先にあるのではなく、故郷をこよなく愛する気持ち。誤解を恐れずに言えば、観光ガイドと地域ガイドの違いと言ってもいい。

さて、エピソードのご仁であるが、今や往年の大観光地・別府のガイドにまで武者修行に行き、その結果、当会きっての案内人となっている。かの地の隅々の温泉裏ルートなど、私よりもよほど情報通である。人は考え方一つで変わる好例。

なお、少し遅れた平成15年4月からは保内ボランティアガイドも発足し、育成に関わる喜びも味わうことができた。

菊池勝徳会長のガイドで、江戸末期の商家「油屋菊池清治家」（114ページ）を見学

伊予市ガイド本『い〜よぐるっと88』

地域ガイドの人材育成に一役

前節、前々節で、ガイドの重要性について書いたが、県内での新たな動きについても少し触れておきたい。それは、伊予市におけるここ数年来の取り組みについて。

この町は、平成17（2005）年に旧伊予市と中山町、双海町が合併して誕生したが、それぞれ三つの特徴ある地域キャラが独立していて、面白い組み合わせの町となった。松山藩から大洲藩へと、寛永13（1636）年の「お替え地」に伴い、宮内家を核としたまちづくりが始まり、大洲藩の主要港として砥部焼の積み出しなどで発展した旧伊予市。ユニークな夕日のまちづくりを推進し、地域づくり機運が継続する、早春の水仙が美しい海岸町・双海。加えてクリの名産地として知られ、棚田石垣の景観美や鏝絵（こてえ）が隠し味な、山間地文化の町・中山。

これらの地域が合併を機に、伊予市文化協会の門田真一会長の肝いりもあって観光協会が世話役となり、お互いをよく知ろうと、平成19年暮れに刊行されたのがワンコインの500円で買える『い〜よぐるっと88』という伊予市ガイド本。伊予にちなむ14のテーマで導入説明された本の中身は、旧1市2町の郷土史家の方々が中心となって地域ネタを渉猟し、その足と目で88カ所が紹介され、編集されている。地域の隠れたベストセラーだ。

今次の合併では、70市町村が20市町となった愛媛県ではあるが、意外にもこうした取り組みは他市町ではあまり聞かない。しかし、合併融和を促進するなら、まずはこうしたソフト事業はとても重要で、互いをよく知ることから始めたい。金子みすゞの詩ではないが、みんな違ってみんないい、である。そして次には、地域をガイドできる人材育成につながれば言うことはない。

通常のガイド発足は、事前の観光客入り込み数がある程度あってからスタートし、その後でパンフやガイドブック類が整備されてゆく。その点、伊予市の場合は観光地ではなく、地域の隠れた宝物を自らが気づき、それを地域や市外の方にも知ってもらおうとする動きの中で、そのテキストが先にできた格好である。

さて、そうして今回やっと誕生するのが、伊予市ボランティアガイド「ふるさと案内人」。平成24年12月末にその設立総会が開かれたが、今後の展開が実に楽しみである。

伊予市中山町の玉井庄屋跡を案内する上岡貞義顧問（中央）はじめ「ふるさと案内人」のスタッフ

『い〜よぐるっと88』

ガイドは"おせったい"

ガイド、つまりは地域の語り部のことなのだが、私的には特別なジャンルとしてのガイドという設定をしたくないという矛盾を抱えている。この章では八幡浜、保内、伊予市など、言わば観光地ではないエリアにおけるガイド育成について述べたが、私の理想としてはガイドは要らないとも思っている。

これには説明が必要だが、地域に住む人々が、その地の事柄について当たり前に案内、あるいは説明ができれば、ガイドは必要が無く、旅人が何かを尋ねたとしても別にどうということはないということだ。だが現実はそうではなく、地域で伝わっていない話があまりにも多過ぎる。この実体験から、やむなくガイドを育成しなければ、という発想なのだ。例えば四国は遍路のお国柄だが、最近多くなった歩き遍路の方々へのさりげない道案内やお接待、その場で醸されるそこはかとない温かいやりとり空間、これが理想である。

路傍の地蔵にまつわる伝説や故郷の民話に至るまで、かつてそれらは祖父母から孫へとどこの家でも自然な家庭環境の中で継承されてきた。歴史は親から子へではなく、隔世遺伝なのだ。既に核家族の社会環境になって久しく、その継承ラインは断ち切られてしまった。他にも、高齢化と過疎による"祭り"という地域コミュニティ手段の欠落、人の集合場所であった神社仏閣への意識低下と住職・神主の不在化などなど。地域の伝承システムの崩壊は容赦がない。人の身体が骨肉と神経で成り立っているとすれば、地方は経済という骨肉の中に文化という神経が張り巡らされて成立しているから、経済目線だけでなく神経が危なくなっていると危惧する次第。やっぱり心でつながるガイドラインが必要なのだ。

第六章……近代化遺産について

近代化遺産とは

黒船以来、激変した日本の産業

さて、そろそろ近代化遺産についても何事かを書いておかねばならない。昨今は、愛媛新聞でも「四国の軌跡」と題して連載されているので、県民目線からもやっと市民権を得つつあるジャンルなのかもしれないが、調査当事者の感覚から言えば実感はまだまだである。通常の人の生活は、それこそ普段の何やかやに追われ、よほどの関心ある人は別として、多くの人が地域の歴史やましてやわが家の故事来歴など、カヤノソトもいいとこである。その多数派が気を留めないちょっとした地域の隠れエピソード、例えば建物が誕生する際の意外にドラマチックな展開やたまさかのシチュエーション、それが困ったことに実はとても面白い。特に近代化遺産はたまらない。遺産（胃酸）過多で胃が悪くなりそうだ。

話を戻す。簡単に言えば、近代における文化遺産が近代化遺産なのだが、つまりは明治・大正・昭和前期の時代区分において、特に産業の変化を視野に入れた文化財の価値観である。従って英語ではインダストリアル・ヘリテージ。1785年、ジョージ・ワットによる蒸気機関の発明に端を発したイギリスの産業革命は、その後未曽有の社会変革を促すことになる。が、そのころの日本はまだ江戸中期の天明5年、鎖国による太平の眠りの中に居た。

だから、日本における産業革命はある種特異な経過をたどり、史観の上で言えば、ワットの発明から68年後、嘉永6（1853）年にやってきたアメリカ人ペリー提督によって、いきなり世界的な変革の渦に巻き込まれていく激変感がある。その後一気に開国して、15年後にはもう天皇親政による明治新国家の建設。平清盛が活躍した平安末期から言えば、約700年に及ぶ武士の時代が終わり、その急激な近代国家への社会変化は、ヨーロッパでさえ大変だった産業革命をのみ込み、物議の中で新しい日本が形作られてゆく。愛媛もしかり。

近代化遺産は、産業遺産を中心に鉄道や港湾などの交通土木遺産、あるいは洋風建築や戦時系遺産などに分類されるが、まずは県内におけるそれらの歴史背景からアプローチしてみよう。

平成26年12月、国重要文化財に指定された長浜大橋。昭和10年竣工のバスキュール式開閉橋で、現役の開閉道路橋としては国内最古

天皇の東京行幸と愛媛

維新史を彩る大洲・宇和島両藩の人材たち

慶応4（1868）年の9月8日（以下旧暦表示）に改元されて元号が明治となり、いよいよ日本は近代国家としての歩みを始めることとなる。その年は、4月11日に江戸城が無血開城し、翌月には徳川家が駿府（静岡県）に移り、7月には江戸を東京と改称する詔書が出るなど、矢継ぎ早に時代が動く。

そうした中、※〝ご一新〟と呼ばれる世の中の変化を最も分かりやすい形で示したのが、9月20日からの天皇の東京行幸である。ピーヒャラ、ドンドンドン、錦の御旗を先頭に3300人もの隊列が東海道を東へと進む。この隊列は愛媛にも実に深い関わりがあり、あまり一般に知られていないのが残念なほど。この晴れの一大デモンストレーションとも言うべき隊列の先頭は大洲藩、殿軍（しんがり）が新谷（にいや）藩であった。他は、長州、土佐、備前の各隊によって陣容が構成され、宇和島藩前藩主・伊達宗城（むねなり）も随行している。私たちは学校の教科書で、明治維新における薩長土肥の活躍はよく学ぶが、大洲藩、宇和島藩の下支えが大きかったことも、このエピソードが象徴的に教えてくれる。

ではなぜ大洲・新谷藩が登場するかといえば、いずれも国学者・矢野玄道や、岩倉具視の懐刀とも言われた香渡晋（こうどすすむ）などを輩出した勤皇藩で、この2人は明治憲法制定にも尽力している。この両藩、五稜郭を設計した武田斐三郎（あやさぶろう）や、シーボルトの弟子にもつながる三瀬諸淵（もろぶち）など、幕末・維新史を彩る人材には事欠かない。

思えば、これらのことを最初にお教えいただいたのは、もう四半世紀近く前の古学堂において、常盤井忠伽氏からであった。今も大洲市阿蔵（あぞう）にある古学堂は、大洲八幡神社宮司・常盤井家の私塾として出現し、この時代にひときわの輝きを見せ歴史上に名を残す。その一室で、時のたつのも忘れて伺った数々のこの地方における維新史の一こまは、今も鮮やかに出格子から差しこむ入り日の光景と共に記憶する。大洲藩ゆかりのこの神社で、先の行幸史実に基づき始められたのが、その後の秋の祭礼に必ず登場する武者行列であり、それが近代の幕開けと愛媛をここから語りたいゆえんでもある。

※ご一新……明治維新のこと。江戸幕府による幕藩体制から明治政府による親政体制となり、社会が一変することから、当時は一般的にこう呼ばれた。

東京行幸の錦絵（常盤井家蔵）。先頭が大洲藩、殿軍が新谷藩

古学堂の一室でその解説をする常盤井忠伽氏（平成10年３月16日）

個性豊かな駅舎や橋梁の数々

〝坊っちゃん列車〟だけでない伊予鉄道の魅力

庶民の目から見て、近代の足音が最も象徴的に感じられたのが蒸気機関車の登場であるような気がする。視覚効果的に、ペリー提督の蒸気船たった4隻が国も人々も大きく覚醒させ、それから20年となる明治5（1872）年秋には、新橋・横浜間約30キロをもう陸蒸気（おかじょうき）と呼ばれた機関車が走っている。明治新政府では早くも同2年11月（旧暦）、鉄路築造の議決があり、民部卿兼大蔵卿だった伊達宗城にその指示が出されているので、愛媛とは浅からぬ縁がある。

その後、宇和島出身の大和田建樹が、あの一世を風靡（ふうび）した「汽笛一声新橋を〜」で始まる鉄道唱歌を作詞するのも不思議な歴史のあやだが、登場するのは意外に遅く同33年。もちろんそのころには愛媛も既に蒸気機関車が身近な存在で、嚆矢（こうし）は同21年に開業した伊予鉄道、いわゆるコンパクトサイズの軽便鉄道〝坊っちゃん列車〟である。

同28年には、前年に道後温泉本館を建設して気勢の上がる伊佐庭如矢（ゆきや）道後湯之町長を中心に道後鉄道が開業していて、その翌年には今の市駅辺りから余戸、出合、松前、郡中と南予鉄道（後の伊予鉄道郡中線）が開業している。先行の伊予鉄道も同32年には横河原まで支線を延ばし、このころの松山平野は陸蒸気が花盛り。先の鉄道唱歌が登場するころにはこの3社が合併して、今の伊予鉄道の基礎がほぼできる。

　その意味では、木造駅舎遺構として貴重なのが郡中線の松前（まさき）駅。詳細記録が無いが、南予鉄道敷設時代の可能性がある。入り口の両側の支柱は上部が寺社によく見られる斗組（とぐ）みで、下部は近代仕様の角柱。まさに時代の混沌（こんとん）を象徴している。同じく郡中線の岡田駅舎の方は、合併後の同43年と伝わる。伊予鉄道の歴史の中では、三津駅改築の今となっては高浜の洋風駅舎もはなはだ貴重。こちらは同38年ごろか。興味深いのは、同32年と目される横河原駅や築年不詳の余戸駅（平成26年に改築）など、伊予鉄道の駅舎遺構群は個性豊かに全てが違う形と印象で、同じタイプが一棟も無いこと。鉄道記念日には、駅舎ツアーをぜひ、と思ったりもする。

　一方、鉄骨トラスの石手川橋梁（きょうりょう）は、同26年で堂々の国内現役最古の折り紙付き。魅力を語るには誌面がとても足りない。

平成13年から復元運行されている坊っちゃん列車

松前駅舎と、和洋混在した入り口の支柱（平成21年５月20日）

別子鉱山鉄道と宇和島鉄道

東中南予、それぞれの鉄道事情

さて、愛媛の陸蒸気は伊予鉄道だけではない。全国的な鉄道の近代化を見れば、愛媛は断然私鉄優位で事が運び、しかも東中南予のそれぞれに鉄道史がある事実が興味深い。

明治26（1893）年には別子鉱山鉄道が開業する。旅客ではなく、銅鉱石運搬や工夫たちの専用鉄道としての登場だったが、平野部の下部鉄道と山岳地帯の上部鉄道の2系統があり、別子銅山の大動脈だった。昭和4（1929）年からは一般の旅客営業も開始されたが、戦後の昭和48年に銅山が閉じられ、同52年には廃止となる。

一方、南予の鉄道事業も見過ごせない。明治27年に宇和島―吉野間の軽便鉄道として発起され、同30年に認可されるも不況下により実現せず。以来、それは地域の悲願となり、広見町（現・鬼北町）の今西幹一郎（もといちろう）を中心に請願が繰り返され、やっと大正3（1914）年10月に宇和島鉄道株式会社として宇和島―近永間開通の日の目を見る。前夜の秘話を松野町の郷土史家・矢野和泉先生より教わった。20代で日吉村（現・鬼北町）の村長となった井谷正命（まさみち）、後に宇和島町（現・宇和島市）の町長となる山村豊次郎、やがて2度の渡欧をする三間の蚕種製造家・岡本景光ら6人が、明治33年に交通調査委員会を結成、香川県境から高知県宿毛までの約200キロの実地探査を徒歩わらじ履きで20日かけて挙行。ちなみに岡本は筆者の本籍地である山田村（現・西予市宇和町）にかつてあった庄屋・梶原家から岡本庄屋に養子に入った人物。個人的肩入れは別としても、地域を思う骨のある行動に当時の若きリーダーたちの志が伝わる。

このルートは、現行の中山・内子経由の後、大洲から肱川を遡上(そじょう)、鬼北盆地へ至る山間路線だった。結局、国鉄104号線として予算化までされるも、政争により実現せず、国鉄誘致は夢に終わる。が、転んでもただは起きぬ。交通不便な山間地である日吉村は、その後国鉄バスの営業拠点となり、鉄道の及ばない南予のエリアで住民の生活を支えた。そうした背景の中、民間資本による宇和島鉄道の出現であり、幹一郎の弟・林三郎が大阪財界の雄として阪神電鉄の設立にも当たり、物心の支援も寄与したに違いない。遺構として残る石造り煉瓦(れんが)積みの窓峠隧道(まどのとうげずいどう)にあった「人工奪天険」の文字は、まさにその苦闘を今に伝えている。

ＪＲ宇和島駅前に置かれた宇和島鉄道時代の機関車のレプリカ

隧道廃棄のため埋め立てられた跡地に残る「人工奪天険」のレリーフ

建設工事中の窓峠隧道（左）。右は工事トロッコ用の仮設軌道（鬼北町弓瀧神社奉納写真額より）

南予鉄道と愛媛鉄道

今も残る3基の煉瓦製隧道

南予には、もう一つの私鉄が走った。大正7（1918）年、伊予長浜―大洲間16キロ余で開通し、翌々年内子まで路線延長となる愛媛鉄道である。これも軽便鉄道だが、そのレールのように平たんな実現ではなかった。本来なれば、郡中経済の雄・宮内治三郎らの計画である南予鉄道が、明治29（1896）年に郡中―松山間の開業後、その名の如く南予の八幡浜まで延伸するはずだったが、そうはいかなかったのだ。別途、さらに喜須来村（旧・保内町）までの計画で西予電気軌道が画策されたが、これもとん挫。結局愛媛鉄道は、20代で二十九銀行頭取になり、改進党の政治家としても活躍した日土村（現・八幡浜市）の清水隆徳（宇和島出身）や、地元大洲の梶田豫三次（巽醤油醸造元）ら38人の発起により、紆余曲折の末に開通した。

社長は大石大、隣県南国市役所前に銅像の立つ農民運動家で政治家。一方、若くして長浜町（現・大洲市）の町長となり、県内最初の上水道や、水族館、後に現存最古の開閉橋・長浜大橋など、次々に辣腕をふるう西村兵太郎も取締役に任じている。こちらは長浜高校の角に銅像が立つ。

当時の母なる川・肱川は、物流の最前線。上流の坂石辺りや小田川からも大量の木材がいかだに組まれ、河口の長浜を目指す。伊予長浜は日本の木材三大積み出し港（他に和歌山県新宮市の熊野川河口と秋田県能代市の雄物川河口）と言われた。そこに軽便ではあっても、煙を吐きながら力強く肱川沿いをひた走る機関車の姿が割って入り、どれほど人々は新しい時代の到来を目の当たりに感じたことだろう。

近代化遺産として興味深いのは、今も下流側から大越、河内、八多喜の煉瓦製隧道が3基も残っていること。現在のJR路線は、昭和8（1933）年に愛媛鉄道が国鉄に移管した後に軌道改修された直線コースで、かつては場所によってはもっと山際を走っていた。現代は平地を居住区とする目線で考えがちだが、当時は山間地に多くの居住者が居て、洪水を避ける意味でも住民の利便性からも山寄りの路線だったことが分かる。

結局愛媛は、伊予八藩のDNAの為せるわざか、こうして私鉄が各地で頑張り、やがては昭和2年に松山駅開業以降の国鉄が宇和島までつながってゆくのだが、卯之町―八幡浜間は最後まで途切れたまま。完全に予讃線が結ばれるのは国防対策による戦争末期の昭和20年のことだった。

長浜高校の一角に建つ西村兵太郎像

大洲市長浜町に残る煉瓦製の大越トンネル

自動車時代の幕開け

乗合バス路線としての道路整備

愛媛においても、近代における交通革命が鉄道から始まったことを述べてきたが、やがてそれは道路網の整備につながり、自動車の登場する時代を迎える。明治44(1911)年、愛媛では初めての乗合自動車(12人乗り)が松山市木屋口から堀江の間を走る。申請者には宇和島鉄道でも活躍する今西幹一郎の名があり、直接の経営は地元堀江の石丸家。先に走っていた旅客馬車との競合もあって2、3年で姿を消すが、まずは県内におけるモータリゼーションの第一歩が記された。

次いで大正5(1916)年、八幡浜町(現・八幡浜市)の上甲廉町長により、伊予自動車という会社が設立され、八幡浜―大洲―郡中(現・伊予市)間の本格的バス事業が始まる。既に完成していた煉瓦(れんが)造り(明治38年築)の千賀居隧道(ずいどう)で夜昼峠を越え、旧犬寄峠など羊腸の道のりではあったが、それでも一日がかりの海路や従来の客馬車乗り継ぎに比べて格段の速さ、松山までの日帰りが可能となった。郡中の先は伊予鉄郡中線との接続による。翌々年には松山市にも愛媛自動車が誕生し、今治や西条など東予方面の路線が開かれ、野村には宇和自動車が、大正8年には宇和島自動車、東予自動車、中予自動車などが相次いで参入する。

こうして大正期には乗り合いバス路線が花盛りとなり、次第に未舗装だが県内幹線の道路整備が進むことになる。先年、国の登録有形文化財に選定となった三瓶隧道（大正6年竣工（しゅんこう））もそうした中で完成し、当時の人々の喜びは「三瓶トンネル開通の歌」として三瓶尋常高等小学校で長らく歌われた。ちなみにそれは、日露戦争において旅順陥落後に乃木希典がロシアのステッセル将軍とまみえた「水師営の会見」という歌の節回し。私事ながら、ご年配の方と地域ガイドをしていて、まれにナマで歌える方と出会う機会もあり、うれしい一刻がある。

道路整備という視点では、愛媛は全国的に優れた鉄筋コンクリートのアーチ橋が分布する県としても特筆されていい。大正11年に竣工した充腹アーチの御三戸橋や開腹アーチの有枝橋が国道33号沿いに今も優美な姿を見せるが、専門家によって県の技師・坂本一平の作であることなども分かってきた。西条市の大宮橋（昭和2年）や、肱川の湖底に沈む船戸川橋（同5年）など、優秀な作品がめじろ押しである。

現役で利用されている三瓶隧道

ダム工事のため水位が下がり、姿を現した船戸川橋

県内全域で鉱山業が盛況

東西に貫く巨大な地層の恩恵

さて、近代は交通革命とともにやってきて、その一方でさまざまな殖産興業が試みられた。そうした中で、愛媛県的に特筆される分野に鉱山業がある。もちろん、東洋のマチュピチュとして目下人気の別子銅山は言うまでもない。ここには別子銅山記念館と広瀬歴史記念館があり、これまでのそうした手厚い文化財顕彰の努力によって、市民の関心度も高い。

問題は、それ以外の鉱山たちの分布状況と、それを支えた有名無名の人々の夢の跡についてである。そしてそれらは、愛媛独特の地層分布によって広範囲にもたらされている。まずは銅山。東は徳島県境から、佐田岬半島西端までの東西約170キロに及ぶ三波川（さんばがわ）変成帯、この俗に「伊予の青石」と呼ぶ地層による銅山分布であり、それこそ各地に中小鉱山がひしめく。東から一部のみご紹介しても、東予地区の新宮・佐々連（さざれ）（四国中央市）、竜王・千原（西条市）、中南予にかけては高市（砥部町）、佐礼谷・平沢（伊予市中山）、大瀬（内子町）、この3地区は背中合わせに近接し、以西では金山（大洲市長浜）から佐田岬半島に集中、今出（いまで）・柳谷（りゅうこく）・大峰（八幡浜市）、成安（なりやす）・忠城（ちゅうしろ）・高浦（伊方町）など枚挙にいとまがない。いわゆる八西地区では、明治中期をピークとして多くの山師が半島の尾根や谷を渉猟し、一獲千金を求めて銅鉱の露頭を追った。その際は本草学が物を言い、「蛇の寝莫蓙（ねござ）」というシダ植物の一種を血眼で探した。地質と植物の相関関係について、その道ではよく知られていた事柄だったのだ。

ちなみに、地層の名の元となった三波川は、関東利根川の支流、埼玉・群馬の県境にあり、三波川変成帯はそこから延々愛媛までつながっている。いずれにしても、各地では悲喜こもごもの人間ドラマが展開されたはずで、しかしそれらの遺構は多くの場合、山中深くに地元の一部年配者を除き、知られることもなくただ存在する。先日も中山史談会の方々にお世話になり、平沢鉱山の焼鉱窯群のありように驚かされた。時代の熱気がビビッドに伝わる。

銅以外でも、世界に知られたアンチモンの市川鉱山（西条市）、三波川に南縁する秩父帯には一世を風靡（ふうび）した西予市の石灰（高山地区）やマンガン、東予でも関前や弓削の石灰などなど、その時代、鉱業は興業の代名詞でもあった。

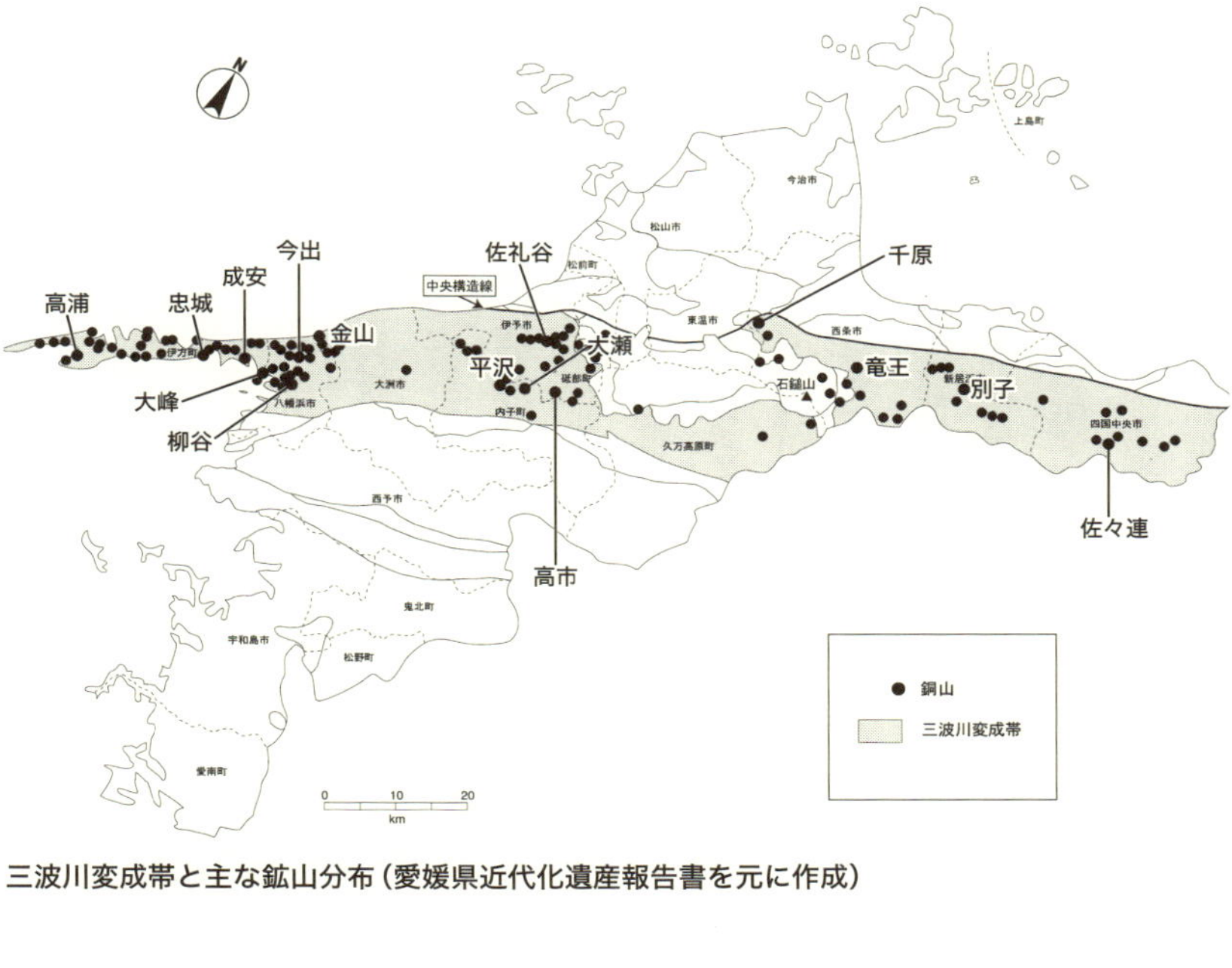

三波川変成帯と主な鉱山分布（愛媛県近代化遺産報告書を元に作成）

海運業と菊池家

発見された日本最古の三輪自転車

鉄道および道路の近代化について先に述べてきたが、もっと早く訪れた近代化がある。海運の世界だ。江戸期から、北前船など沿岸航路の開拓は進んでいたが、まだその動力は風まかせの帆かけ船だった。ペリー来航で人々が驚かされたのは、黒々としたその大きさと初めて見る蒸気機関の速度だった。

その外輪蒸気船には宇和島藩もチャレンジし、薩摩藩に後れをとったが、一応自前で宇和島湾に浮かべ、走行に成功した。藩命を帯び、長崎に行き、独力でその開発に当たったのが、後の前原巧山、八幡浜の人である。そうした地域の成せる業か、明治8(1875)年には油屋の菊池清治が早くも外輪蒸気船「八幡丸(やわた)」を進水させている。もともとこの地は、川之石雨井浦をはじめとして、長崎貿易、上方交易の拠点となり、幕末期の藩を支えたが、西南の役のころには瀬戸内海航路が飛躍的に増加し、大阪以西には70社以上の商船会社が乱立していたらしい。そうした個々の海運業者が大同団結して、同17年には大阪商船へとつながってゆく。

さて、菊池家のこと。八幡浜市の浜之町に江戸末期の商家「油屋菊池清治家」が残っている。数年前にこの家の土蔵から大変なシロモノが発見された。現在は堺市にあるシマノ自転車博物館に展示されている、日本最古と目される「三輪自転車」である。専門家の見立てによれば、1860年代から70年代前半の製作とのことだから、まさに江戸末から明治初頭、建物の由緒とも合致する。ただ、なぜ菊池家にという由来は不明で、中央直結の回船問屋として時代の最先端に触れる機会があり、入手できる財力を持ち得たと想像するしかない。オーナーの清治は世襲名で4人居て、四国初の宇和紡績の発起人でもあった4代目・清治正明が購入した可能性について興味がそそられる。戦後初の市長で八幡浜名誉市民の清治さんは7代目。

いずれにしても、八幡浜においてはこれで前原巧山が安政6年に完成させた国内2番目の蒸気船、二宮忠八がライト兄弟の初飛行より12年早い明治24年に飛ばした飛行器と合わせて、近代の陸海空の物語がそろったことになる。

油屋菊池清治家

7代目菊池清治と三輪自転車

少彦名神社の「懸造り」

有志結成の「おすくな社中」が維持に尽力

毎年4月15日と10月15日、大洲市菅田（すげた）の肱川のほとり、少彦名（すくなひこな）神社では恒例の春・秋季例大祭がある。主催は市民ボランティアグループ「おすくな社中」で、平成14（2002）年からの催し。若い方々にはあまり知られていないが、少彦名命（みこと）は実は大洲が終焉の地。しかも、伝説では肱川を渡る際にみまかられたことになっていて、その亡骸（なきがら）を葬ったのが、お壺谷と呼ばれる梁瀬（やなせ）山の懐深き場所。近世の大洲領加藤家の時代には、長らく入らずの地となっていたものを、幕末期の大政奉還によって到来した明治時代を経て、昭和初期に社殿造営されたものが今の神社のありようである。

私事ながら、祖母が菅田の出であったので、子どものころ〝おすくな様〟のことは比較的よく聞かされた。戦後建てられたJR大洲駅前の大鳥居も、実は少彦名神社参拝のためのものである。

さてここに、県内でも非常に珍しい建築様式の社殿がある。参籠所あるいは参籠殿と呼ばれる「懸（かけ）造り」の建物がそれである。歴史的建築物などの保存運動を行う米国の非営利団体「ワールド・モニュメント財団」（WMF、本部ニューヨーク）から、「危機遺産」に選定され、

2014年版の「危機遺産リスト」に登載されたことで知られている。

まず、立派な花崗岩の鳥居をくぐると、緑陰の中の雰囲気ある広い参道が真っすぐに伸び、境内へと導かれる。ちなみにこの鳥居は、戦前期の朝鮮半島で多くの大規模建築を手がけた多田工務店のオーナー・多田順三郎の寄進と伝わる。

やがて参道は梁瀬橋を左に折れると坂道にさしかかり、しばらく行くと見えてくるのがその参籠殿。しかし正面からではこの楼閣の特徴は拝めない。両脇をのぞき込み初めてその異様な立地状況に気づかされる。急斜面に建つ脚長建築、それが「懸崖造り」とも呼ぶ不思議な建物の見え方だ。平成23年に発見された棟札によれば、昭和9（1934）年の上棟、棟梁は中野文俊。臥龍山荘を手がけた名棟梁・中野寅雄の縁者である。

この氏子の居ない神社が廃れていくことに心痛めた有志が「おすくな社中」を結成して十余年、さまざまな維持努力を続けておられる。結局、紆余曲折はあったものの、WMFからの支援もあり下写真のごとく見事に復興がなされた。

傷みの激しい少彦名神社参籠殿の旧状
（平成23年1月30日）

修復落成式当日の少彦名神社参籠殿
（平成27年3月7日）

巳年と軒瓦と蛇の目紋

少彦名神社、大洲藩加藤家、大洲市のご縁

さて、平成25（2013）年は巳年であった。ものの本によれば、「巳」は胎児の象形文字でもあって、ものごとが誕生する、あるいは種が芽生えるといった吉兆の表れでもあるらしい。

早生まれの私は違うものの、同級の巳年世代は平成25年が還暦だった。そこで60年前の昭和28（1953）年をひもとくと、その年に鳥居龍蔵という人類学者が82歳で没している。彼は、大洲市にある少彦名神社の造営に一役買った形の学者だったので、紹介をしておきたい。鳥居が地元郷土史家の求めに応じて大洲にやってきたのが昭和3年11月。古代史にも明るい考古学者として、当時一部で存在が認知され始めた、大洲盆地の巨石文化についての調査が目的であったらしい。この肱川周辺には河口の長浜にかけてメンヒル、ドルメン、ストーンサークルなどの巨石が山中に多数分布していて、古代史的に謎のエリアとなっている。そうした歴史顕彰の端緒となった当時、その機運が少彦名信仰へのエネルギーともなって、社殿の造営が神がかり的に加速する。

そうして誕生し、同9年に上棟された参籠殿の保存活用についてのシンポジウムが平成24年12月15日に開催されたのだったが、実はその屋根瓦には面白い造形が見られる。隅棟瓦をよく

見れば、〝蛇〟の形が認められるのだ。少彦名命の亡骸（なきがら）が葬られたという梁瀬（やなせ）山のお壺谷にはマムシが多いと言われ、旧藩時代には入らずの山としての神陵地でもあったが、蛇は少彦名神の眷属（けんぞく）ともなっている。従って、春と秋の大祭は巳の日に実施されている。

そう言えば、城下町大洲の加藤家の紋どころも「蛇の目紋」。現代の大洲市章のマークも、そのまま歴史にあやかり蛇の目を採用、融和やＯｏｚｕの頭文字にも通じるイメージがある。年の初めを大洲から始めれば、一年が丸く収まるに違いない。

蛇をかたどった参籠殿の隅棟瓦

昭和３年11月24日、鳥居龍蔵氏（矢印）により行われた梁瀬山の神陵地調査にて（大洲市立博物館蔵）

戦争遺跡の保存と継承について

掩体壕や防空壕などの文化財化を協議

平成27年はちょうど戦後70年にあたり、新聞・テレビなどでもそうしたテーマで多くの特集が組まれた。近代化遺産の中には、当然ながら戦争遺跡（遺産）というジャンルがあり、近代という歴史が持つ負の部分ではあるが、現代はこれらをどう後世に伝えてゆくかという岐路に立っている。それぞれ異口同音に言われていることは、戦後の時間経過の中で、その必然として戦争体験者の人口割合が限りなくゼロに近づいているということ。

日米安保に関係する社会状況というものも一方にはあるのだが、いずれにしても真剣に平和というテーマを考えれば、未曽有の体験であったであろうその世代の身体に刻まれた〝戦争〟という現実感は、戦後生まれの我々世代には想像が難しい。最も危惧するのは、親世代からその重さについて何となく見聞きしている私などの世代が、いつの間にか年齢的に社会の上の方に来てしまっており、次の世代にキチンと伝えられるかどうかという点。モノゴトはとかく伝言ゲームのようにリアリティが欠けていき、バーチャルになってゆくと真実が見えなくなるということ。

戦争遺跡を保存継承することは、そうした意味で大変重要なのだが、戦後の学校教育の中でどこか誤魔化されてきた。しっかりと向き合うことを教わらなかった我々世代としては、周囲に存在する歴史から真っ当に学ぶしかなく、そのことを切に考える。

例えば、気をつければ地方ではまだよく見かけることのできる〝戦時迷彩〟という戦争遺産がある。これは、戦時中に当局が空襲避けに建物の外壁を黒く塗るなどして迷彩を施すという消極的防空対策なのだが、こんなことをして近代戦争に勝てるハズもなく、国家としての末期症状だったのだが、とにかく県庁だろうが市役所だろうが民家の倉だろうが、白い建物は全て塗られた。従わなければ非国民のレッテルを貼られる時代だったのだ。こんな時代の一断面であっても、地方の民家の壁には70年を経てもまだそれが残っている場合があり、いくらでも戦争の愚かさを伝えることは可能なのだ。

現在、四国戦争遺跡保存ネットワークという活動の中で、松山空港近くの飛行機格納庫※〝掩体壕〟や、四国初の防空壕として昭和16年の開戦前に登場した八幡浜第一防空壕など、そうした遺構の文化財化、顕彰について仲間と協議を重ねている。

※掩体壕……旧松山海軍航空隊の掩体壕（軍事用語では「掩体」）については、平成27（2015）年6月の松山市定例市議会において我々の請願が採択され、現在文化財指定に向け検討されている。

戦時迷彩の残る家（八幡浜市）

近代化遺産とまちづくり

消失の危機迫る数々の文化遺産

「書くことは、恥をかくことだ」。ある時、ある先輩が言った。確かにそう思う。誰にどう読まれるかは分からない。いい意味での開き直りで、身の丈を精いっぱいに表現するしかない。文字というものが他者にナニゴトかを伝える道具であるなら、この一年の連載で少しは何かが伝わったのだろうか。

さて、近代化遺産のこと。とても全容をお伝えすることなどかなわなくなってしまった。もとよりそんなことは分かっていたが、時は年度末、従前より進められていた県文化財保護課による「近代化えひめ歴史遺産総合調査事業」の報告書が間もなく刊行される。一般の方々には、図書館あたりで手に取っていただく他ないのが申し訳ないが、ぜひこの機会にご覧いただきたい。願わくば各市町において、そうした有益情報の具体的活用、つまりは文化財の底上げと地域への情報公開がされることを祈るばかり。有名なものはさて置き、県内には無名で顧みられることのない数々の地域遺産が点在する。それらの中には滅失されゆくものも少なからずある。そうした危惧される文化遺産に少し触れてみたい。

西予市明浜町高山地区、この辺りは近代に石灰業で栄えた歴史を有する。その証左としての石灰窯が半壊状のものも含めて20基前後、海沿いに群として忘れ去られたように分布する。窯は石灰岩の石垣で組まれ、高さは5〜8メートル、内蔵された土中窯の形状から徳利(とっくり)窯と呼ばれるが、活況時には小割りされた石灰岩を焼いて大量の石灰が生産されていた。中でも岩井という地区にある石灰窯は明治初期のものと伝わり、全国屈指の古いタイプの貴重なものだ。地域が輝いていた時代の証し、しかしまだそうした価値づけについては、周辺の理解が十分に行き届いているとは言い難く、価値を知る者の今後の課題である。

産業遺産の中にも、こうした光の当たるものとそうでないものとがあり、要は日ごろからの認知活動なり顕彰をしておく必要性を痛切に思う。そうした人為によって光を当てることのできた得難い物件のみが、未来に保存継承され、地域の誇りや替え難いアイデンティティーとして人々の精神風土を知らず知らずのうちに養ってゆく。心まで過疎化しては、かつて地域を支えた先人たちに申し訳ないと思うのだ。

「近代化えひめ歴史遺産総合調査事業」報告書の普及版として発行した『えひめの近代化遺産』(800円)

西予市明浜町に残る岩井の石灰窯

〈まとめ〉

ケンシカンカン

1年を1週間で割れば、たった52回なのだとこの連載で知った。極力まちづくりに関与させて何事かを書き連ねてきたが、意外に何も書けなかったような気もする。地域活動で面白いのは、その裏話だったりもするが、表に出せないから裏話なわけで、隔靴掻痒(かっかそうよう)な気分は否めない。しかも「四季録」であるから、もう少し季節感が出せても良かったと反省してもみたり。現金なもので、往生際に欲が出る。

今年は桜の開花が早かった。花粉症を除けば、異動や新人のフレッシュで気持ち良い花の季節に、新鮮な心持ちで稿を終えたい。

これからもウオッチングを友とし、地域の魅力と格闘しようと思っているが、私にとってのそれらは全て〝地上の埋蔵文化財〟である。考古学で言う埋蔵文化財は、当然地中にあって普段は見えないから掘るのだが、地上にあっても人がそれに気づかなければ、やはりそれは埋蔵しているのと同じ。掘り起こす道具は、それぞれの「目」が頼りとなる。視力検査の数値のことではなく、五感と直結した視力。「見視観看」で見方のトレーニングをしようと提唱している。目に足を付けたフットワークの「見」。特に若い人には見聞を広めてもらいたい。次に、対

今治市小島に残る芸予要塞の小島砲台跡で、TOYO 近代化遺産・ジュニアマイスター養成講座受講の高校生たちと記念撮影（平成27年7月26日）

象物をくっきりと示して見る「視」。じっと視ていれば、チョット見では分からない多くのことに気づく。さらにステップアップすれば、顔に付いている目ではなく、心の目で見る観察の「観」。物事には必ず深い真理が潜んでいて、そのナゾ解きが面白い。そして最も大切な、目に手を添えて見る看護の「看」。漢字は〝感じ〟で覚えれば意味が深まる。

いつもこんな話をさせていただくが、最近は次第に自身の見えてなさ加減にも気が付くようになってきた。岡目八目と言って、第三者的には見えていても、意外に自分のことは見えてなかったりするから油断はならない。頭にかけておいた自分の眼鏡でさえ見失う。よく身近な人に怒られる。きっと、「見視観看」のウオッチングも、多くの出会いや人の支えによって磨かれてゆくものなのだろう。この連載も、書き切れないがそんな多くの方に感謝して「完」としたい。本当にありがとうございました。

近代化遺産の効用

「降る雪や明治は遠くなりにけり」という昭和6年に詠まれた中村草田男の有名な句があるが、最近は「昭和は遠くなりにけり」というあんばいである。

昭和6年から明治を振り返れば、ちょうど20年前。“十年ひと昔”とも言うから、それはふた昔前を思っての句作ということになる。今や平成も27年。ふた昔前どころか、平成生まれが全人口の4分の1ほどになっていることを考えると、年の推移というのは油断ならない早さだと実感するほかない。

およそ160年前にペリーによって鎖国が解かれた日本が、その後急速な近代化の道をひた走り、4度の対外的な戦争※を経て、とりあえずは戦争のない70年間を過ごしてきたことになる。良し悪しはともかく、戦後生まれの我々はその重要な近代について、なぜかあまり詳しく学校で習ってこなかった。それが歴史である以上、諸外国の歴史がそうであるように、その内容には正もあれば負もあるが、どちらにしても“臭いものにフタ”というのんきな話ではなくなってきている。身の回りに多数存在するそれら近代の遺構についての客観的な歴史顕彰は言うまでもない。

まちづくりをする一環で地域の宝もの探しをするなら、これほど身近な素材もないに違いない。誤解を恐れずに言えば、若い世代が年寄りに歩み寄るツールとしても悪くない素材である。きっと我が意を得たりと教えてくれることだろう。そうした世代間交流のコミュニケーションこそが、地域を明るくするとも思えるのだ。

※4度の対外的な戦争（日本が参戦していた時期のみ）
・日清戦争(明治27～28年)
・日露戦争(明治37～38年)
・第一次世界大戦(大正3～7年)
・日中戦争～太平洋戦争（昭和12～20年)

終わりに

一年間の新聞連載を終え、やれやれとある種の安堵感にひたってしばらく経った頃、思いがけない出来事が起こった。愛媛新聞には「ヤング落書帳」という主に10代を中心とするヤング世代の投稿コーナーがある。そこに、私の最後の記事を読んだどなたかが感想を投稿している、と知人が驚きのニュースを知らせてくれたのだ。えっと思い探して読むと、二度ビックリ。きっと高校生くらいか、まっすぐピュアな文章が並んでいた。それが以下の文章。

【ヤン落】見視観看の言葉 将来の夢に必要　LOVE（17）

「見視観看」。この漢字をどう読むか分かりますか？　これは「ケンシカンカン」と読みます。3月27日付愛媛新聞の「四季録」というコラムで紹介されたものです。

「見視観看」を簡単に言うと、五感と直結した視力のことだそうです。細かく言えば、「見」は目に足を付けたフットワークの意。「視」は対象物をくっきりと示して見る。つまりじっと視(み)ていれば、チョット見では分からない、多くのことに気づくということ。「観」は視からステップアップした心の目で見る観察の意。そして「看」は最も大切な、目に手を添えて見る看護のこと。

私の夢は看護師になることです。「見視観看」は患者さんの病状を把握したり、患者さんの気持ちを理解するためには必要な要素だと、このコラムを読んで感じました。「見視観看」は私の座右の銘になりました。（2013年04月20日）

これを読ませてもらって、感動させられたのは言うまでもない。どうしたものかと思いながら、何か感謝の言葉を伝えたくなり、しかしいい年のオッサンがあまり驚かせるような事もできないし、しばらく考えて下記原稿を載せていただけないか新聞社に相談して了解をいただいた。

【ヤン落・大人の目】見視観看の言葉 伝わりうれしい 歩キ目デス（59）

４月20日付「見視観看の言葉　将来の夢に必要」のＬＯＶＥさんへ。３月27日付文化面「四季録」の「ケンシカンカン」を読んでくださり、ありがとう。誤解を恐れずに言えば、あなたのような若い方が読まれるコーナーではないと頭から思っていたので、とてもびっくりしました。そして、とてもうれしかったです。

後日、知人からあなたの投稿のことを教えられ、読ませていただきました。しっかりと内容を把握し、将来の夢である看護師に向けて、目標を定めた考え方に、私も感動を覚えました。原稿を書くときにはもちろん、読み手を信じて書いていましたが、未来への希望あふれる10代の方がエッセンスをキャッチし、感想を投稿されるとは想定外のことでした。筆者みょうりに尽きます。

連載を終え、私的には最高のプレゼントになりました。あなたなら、きっといい看護師になられると思います。遠くからエールを送らせていただきます。素晴らしい青春にグッドラック。

（２０１３年05月21日）

ちょっと気恥ずかしくなるが、こうした筆者としては心がほんわかとなるオマケのエピソードまでもらって、本当に感謝のほかはない。別な見方をすれば、こうした書き手と読み手がいる紙媒体を通じてのコミュニケーションは、ある種直截（ちょくせつ）的ではないタイムラグの中に、デジタルコミュニケーションとは違う味わいがあるような気もする。

いずれにしても、今後も懲りずに〝まちづくり〟という正体不明のジャンルで楽しく時間を過ごすことになりそうだが、見えざる人たちとの狭間（はざま）で、何かを信じ何かの手ごたえを探しながら、できることをしたいと思っている。そうした中に、一筋縄にはいかないけれども、いやいや世の中捨てたモンじゃないじゃないか、という出会いや出来事に必ず出くわすに違いないと、なぜか妙に自信を持って思っているのである。そう思わせてくれているこれまでの多くの人々に感謝しつつ。

平成21年10月4日、我が家裏の溜め池に現れたコウノトリ

……岡崎直司　まちづくり関連記録……

昭和29（1954）年
八幡浜市松本町にて生まれる。
小・中学校で都合7回の転校を含め、これまでに26回の転居を経験。
八幡浜高校時代は地歴部に所属。高校、大学と近世城郭に熱中する。

昭和61（1986）年
6月　松山より保内へ転居
10月23日　**「内子シンポジウム'86」**（内子座）。ドイツ・ローテンブルグ市長の基調講演に感動。
10月26日　**木造建築フォーラム**（宇和町小学校講堂）。松村正恒氏講演に魅了される。
この頃、宇和町小学校保存運動に携わる。

昭和62（1987）年
6月6～8日　**第10回全国町並みゼミ松阪大会**（三重県）。刺激を受け、以降ほぼ毎回参加。
7月25日　「えひめ路上観察友の会」発足。ウオッチング活動開始。
9月　豊予社・菊池住幸社長の勧めもあり、堀田建設社報**『あけぼの』**に、**「建築探偵シリーズ」**の連載を開始（～94回、約8年間毎月）、順次八幡浜・保内の建物を紹介する。
10月4日　八幡浜市の旧カネカ市場（ヒロタ商会）を取材後、焼失・解体。以後記録の必要性に開眼。

11月6日　大洲市の須之内邸（大洲商業銀行頭取宅）解体。
11月15日　松山・村上霞月邸で、犬伏武彦先生（当時、松山工業高校建築科長）の知遇を得る。
この頃、「写団れんげ」による宇和町小学校木造校舎の写真記録活動に携わる。

昭和63（1988）年

3月17日　宇和町婦人会にて宇和町小学校スライド映写。
4月9日　「写団れんげ」により写真家・吉岡慎吾氏を招き「宇和写真シンポジウム」開催。
5月12～15日　宇和町小学校にて、映画『ダウンタウン・ヒーローズ』（山田洋二監督、薬師丸ひろ子、柳葉敏郎主演）ロケ。
6月3～5日　第11回全国町並みゼミ竹富島大会（沖縄県）に参加。
6月27日　川之石ドレスメーカー女学院にて町並みスライド映写会を実施。
7月24日　**宇和町小学校大銀杏保存署名運動開始（翌年移植）。まちづくり活動の原点となる。**
10月8日　『えひめ雑誌』が川之石ドレスメーカー女学院（旧白石和太郎洋館）を取材。
10月18日　建築家・河合勤氏が保内町琴平地区の町並みを視察。
11月12日　『全国「木」のフォーラム』（久万高原町）に参加。
11月28日　保内・兵頭孝健氏宅にて町並みのスライド映写会。
12月15日　**忽那修徳氏**（『ジ・アース』編集人）、**勤務先に来社。**

平成元（1989）年

春　宇和町小学校木造校舎群の解体。第一、第二校舎、講堂のみ移築保存、現「米博物館」となる。大銀杏も移植。
4月　兵頭氏の企画により、川之石ドレスメーカー女学院（旧白石和太郎洋館）にて町並み保存をテーマに「ミニミニシンポジウム」開催。
6月14日　NHK、保内町琴平地区町並み取材。
8月20日　ショッピングセンター保内にて「ほない町並み写真展」を開催。
10月4日　「十三里芋の会」発足。代表・井上善一。以後、海道シンポジウムなど佐田岬半島をフィールドとしたイベント活動に参加。
10月30日　まつちかタウンにて「第1回路上ウオッチング写真展」を開催。
11月3日　保内中央公民館にて保内町並み写真展を開催。
11月28日　「八遍(はっぺん)倶楽部」(八西地区広報担当者の集い)発足、主宰する。

平成2(1990)年

1月9日　保内町若者塾・ほない鳴滝塾主催「保内町並みウォッチング」スライド映写講演。
5月　保内の芝居小屋・旧大黒座の解体。
6月16日　『木を生かす』(えひめの森林基金)発刊。「学校建築」の項を執筆。
8月23〜25日　第13回全国町並みゼミ京都大会に参加。
7月4日　川之石小学校「保内の町並み」スライド映写講演。
10月25日　「全国広報サミット」(岡山県久世町)に参加、〝PR〟の真の意味を知る。

平成3(1991)年

1月　『ジ・アース』誌に「石垣のある風景」の連載が始まる。(平成7年11月最終号まで28回)
2月　「川之石の景観を考える会」(後の「**保内まちなみ倶楽部**」)発足。以後、解体民家の実測記録調査や佐島煉瓦(カラミ煉瓦)活用運動、シンポジウム、写真展などさまざまに展開。

6月8〜10日　第14回全国町並みゼミ角館大会（秋田県）に参加。
9月　第5回兵庫町並みゼミ（但馬竹田）に河野巌氏と参加、カラミ煉瓦活用にヒントを得る。
10月　「慈眼庵」（八幡浜市保内町川之石雨井、龍潭寺の隠居庵）解体。
12月　「あたらしや（菊池家）」（八幡浜市保内町清水町・江戸期商家）解体前の緊急実測記録調査、および保内町教育委員会の協力で資料保存。

平成4（1992）年

3月　旧白石和太郎洋館の実測調査。（「保内まちなみ倶楽部」が広島工業大学・坂田泉教授に依頼）
5月30日〜6月1日　第15回全国町並みゼミ吉井大会（福岡県）に参加。
7月　堀田建設のテレホンカードを2種（西洋文化の町並み、畑を囲む青石）作成。

平成5（1993）年

3月　「保内教会」（八幡浜市保内町川之石本町）解体
〃　佐島煉瓦（カラミ煉瓦）を活用した初の事例として、愛媛銀行川之石支店の塀、及びショッピングセンター保内のベンチが完成、評判となる。
この頃から、新聞やテレビなどマスコミによる保内の町並みの紹介が増加。
8月21〜23日　第16回全国町並みゼミ川越大会（埼玉県）に参加。
11月　川之石ドレスメーカー女学院向かいの坂田家から、佐島の地図が発見される。
12月23日　「旧白石事務所（宇都宮写真館）」（八幡浜市保内町川之石琴平・明治期の洋館）解体。

平成6（1994）年

3月　保内町観光協会が観光町並みマップ「ハイカラな街ほない」を作成配布。
〃　「**えひめ鏝絵の会**」発足、県内鏝絵調査開始。
4月13日　八幡浜市文化センターにて「**タウンツーリズム講座**」開始（〜平成10年）
5月21〜23日　第17回全国町並みゼミ須坂大会（長野県）に参加。
6月　南海放送「もぎたてテレビ」で「明治が生きている街」の放映があり、反響大。
7月　川之石Aコープ駐車場計画に対し、町文化財保護審議委員会が町に旧川之石庄屋二宮家跡（土蔵、井戸、青石常夜灯など）の保存を要望。後に石垣が国登録有形文化財に。
9月11日　ほない鳴滝塾主催「路上観察で地域の魅力再発見」シンポジウムにて講演。
10月22日　三崎町若者塾さきがけ橘塾主催「石のシンポジウム」にパネリスト参加。
12月　**旧白石和太郎洋館が行政（保内町）により購入保存される。**

平成7（1995）年

3月　「保内町合併40周年記念事業」の一環として、「保内まちなみ倶楽部」で人力車による町並み案内を実施、町並みウオッチング写真展を開催。
5月　父の死に伴い保内町から宇和町へ転居。（年末退社、フリーとなる）
5月26日　忽那修徳氏死去（『ジ・アース』編集人）

平成8（1996）年

1月3日　藤田洋三（写真家）、小林澄夫（当時『左官教室』編集長）両氏来県、鏝絵・石灰窯案内。
4月　民間まちづくりグループ「**保内大学**」が旧白石和太郎洋館にて開講。（学長・白石久晴）
8月　早坂暁氏、ＮＨＫドラマ「花へんろ」のロケハンで保内に。（前年の全国赤煉瓦ネットワーク総会・呉大会で交渉）

〃　**自宅納屋を改造、「案山子庵」と命名。（古民家再生）**
9月28〜30日　第19回全国町並みゼミ犬山大会（愛知県）に参加。
12月13日「河野康弘ジャズピアノ・コンサート」in旧五十二銀行八幡浜支店。（持ち送りの会主催）

平成9（1997）年
1月8日　保内大学による「なぜいま〝橋〟なのか」講演会（日本大学伊東孝教授）を実施。美名瀬橋の景観保存改修の提言書として保内町行政に提出。
3月2日　藤村家（小田町）解体。金太郎の鏝絵（戸袋）を取り外し、保存（えひめ鏝絵の会）。後に県歴史文化博物館へ寄贈。
5月23〜25日　第20回全国町並みゼミ村上大会（新潟県）に参加。保内の事例を発表。
11月29日　千代田旅館（八幡浜市）解体。
12月4〜7日　池田貫兵衛家茶室「堪忍庵」（大洲市新谷）解体、実測記録と部材保存。
12月12日　**『まちのデザイン・歩キ目デスは見た！』**出版。（第14回愛媛出版文化賞を受賞）

平成10（1998）年
3月　「**美名瀬橋」改修工事完成**。土木学会で保内町が事例発表。（前年の提言による保存改修）
夏　江戸期の長屋（八幡浜市浜之町）解体。
9月18〜20日　第21回全国町並みゼミ東京大会に参加。
10月31日　全国赤煉瓦ネットワーク総会・大阪大会に参加。

平成11（1999）年
1月26日「旧五十二銀行八幡浜支店（愛媛信用金庫八幡浜支店）」解体撤去↓現在の新町ドーム。

2月　旧日進館（愛媛蚕種）の4棟が国登録有形文化財に答申。（県内の民間所有で初、7月19日登録告示）
7月　保内町商工会による『**近代化遺産の宝庫・保内のまちづくり**』刊行（監修を担当）、行政に提言し遊歩道（もっきんロード）の設置となる。
10月8～10日　第22回全国町並みゼミ臼杵大会（大分県）に参加。
10月13日　「大西屋（旧清家家）」（八幡浜市保内町喜木）解体撤去。
10月23～24日　赤煉瓦ネットワーク総会・富岡大会（群馬県）に参加。
11月18～25日　宇和町国際交流協会・ドイツ（ヴュルツブルグ）親善旅行で憧れのローテンブルグ見学。「来たりし者に安らぎを、去り行く者に幸せを」の城門に感激。
12月1日　「森川家（旧三好瓦）」（西予市宇和町）解体、箱棟飾り瓦を民具館（宇和町）に移設保存。

平成12（2000）年
3月5日　保内大学による「清水湯お別れ見学会」、銭湯文化研究家・町田忍氏を招く。
3月18日　木村明人氏編集「ほない・町並み通信」の発行が始まり、執筆協力。（10号まで）
3月31日　「清水湯」（八幡浜市保内町）解体撤去。
4月1日　『**街角のホームズ　えひめ面白散歩学**』出版。（「えひめ路上観察友の会」の12年間の活動を編集）
9月27日～11月27日　トゥデイズギャラリー（大洲市）にて「鏝絵写真展」を開催。
10月6～8日　第23回全国町並みゼミ日南大会（宮崎県）に参加。
11月30日～12月7日　メセナ八幡浜スペインツアー（マドリード・バルセロナ）に参加。
12月　大人の地歴部活動を行う「濱知の会」（八幡浜ふるさと発見倶楽部）発足（大本敬久代表）。

平成13（2001）年

3月　「宮内診療所」（八幡浜市保内町宮内、昭和初期の擬洋風建築）解体。
3月　「みなと湯」（八幡浜市保内町赤網代の土蔵銭湯）解体。
3月24日　中町を守る会主催「文化の里、町並みシンポジウム」コーディネート。（この日、芸予地震起こる）
6月1日　愛媛県県民交流課事業・**愛媛県近代化遺産**調査主任を拝命。
9月28〜30日　第24回全国町並みゼミ小樽大会（北海道）に参加。
10月7日　全国赤煉瓦ネットワーク総会・佐世保大会（長崎県）に参加。
10月17日　「**八幡浜みてみん会**」発足。会長はタウンツーリズム講座ＯＢの菊池勝徳氏。
11月3日　第3回全国わらこずみ大会（大分県安心院町）に参加。
12月　保内の町並み保存をモデルに舞台劇としての『**日暮町風土記**』（永井愛著）が出版され、全国リレー上演となる。

平成14（2002）年

9月20〜22日　第25回全国町並みゼミ福山市鞆大会（広島市）に参加。
10月1日　「**宇和わらぐろの会**」発足。
10月13日　飛騨・世界生活文化センター主催「藁をツクネル青空工房」（岐阜県）に「宇和わらぐろの会」が参加エントリーし〝わらぐろ〟を製作。渡辺文雄館長の知遇を得る。
11月10日　宇和わらぐろの会、「第4回全国わらこずみ大会」に参加、初優勝。

平成15（2003）年

3月14〜16日　宇和わらぐろの会主催「第1回わらぐろ写真展」開始（以後毎年開催）。

3月31日　**『愛媛温故紀行　明治・大正・昭和の建造物』**編集・刊行（えひめ地域政策研究センター）。
　県の近代化遺産調査事業をビジュアル製本化して販売したのは全国初。
4月　**「保内ボランティアガイドの会」発足。**（前年に講座指導）
5月　「えひめ地域づくり研究会議」事務局長になる。
5月31日　木村明人氏編集「保内見聞録」の発行が始まる。（18号まで）
5月31日　「旧青木石油事務所ビル」（八幡浜市沖新田）解体撤去。
8月　「江戸岡小学校」（八幡浜市江戸岡）改築解体。
9月19〜21日　第26回全国町並みゼミ橿原市今井大会（奈良県）に参加。
11月　「木霊の学校日土会」発足（菊池勝徳代表）、日土小学校保存活動の開始。
12月　西条市の禎瑞干拓「掛樋（かけひ）」解体撤去に対し、三木秋男先生と共に遺構保存に動く。

平成16（2004）年
4月20日　旧白石和太郎洋館前の「真家（しんや）菊池家」解体前調査（現在、トイレ・駐車場に）。
5月30日　「旧須上家」（城川町土居）解体、鏝絵「鯉の滝登り」取り外し保存（後に西予市立城川歴史民俗資料館に寄贈）。
9月17〜19日　第27回全国町並みゼミ加賀市大聖寺大会（石川県）に参加。
10月24日　「わらぐろミュージアム2004全国大会in宇和」（南予町並み博協賛）開催。日色ともえ氏講演。
12月20日〜1月10日　「第1回わらぐろライトアップ」実施。以後毎年行われる。

平成17（2005）年
6月　愛媛県近代和風建築調査に携わる。

7月10日　旧松山女学校宣教師館（松山東雲学園みつばハウス）保存清掃活動に関わる。
8月28日〜9月4日　中国・広西チワン族自治区「風雨橋ツアー」に参加。
9月16〜18日　第28回全国町並みゼミ美濃大会（岐阜県）に参加。
11月3日　宇和わらぐろの会、城下楽市（松山ロープウェイ街）に初参加（以後毎年参加）。
11月23日　「酒井家（酒六本宅）」（八幡浜市松柏）解体。
11月12〜13日　全国鏝絵サミット（島根県大田市）に参加、「愛媛の鏝絵」発表。

平成18（2006）年

5月　「道上家」（伊方町二見）解体。「鏝絵・鶴」の取り外し保存を指導。現在は町見郷土館に移設保存。
10月6〜8日　第29回全国町並みゼミ八女大会（福岡県）に参加。
10月28日　八幡浜みてみん会、梅美人酒造おめで登録記念酒蔵コンサートおよび八幡浜第一防空壕内スライド映写会を実施。
11月18日　西予市文化財保護審議委員会、土木の日・船戸川橋（西予市野村町）水上見学会を企画。

平成19（2007）年

2月4日　井上家（八幡浜市若山）、解体前実測記録調査。
2月10日　内子座にて「えひめ地域づくり研究会議」20周年記念シンポジウム、企画運営。
4月　NPO全国町並み保存連盟理事に。
9月14〜16日　第30回全国町並みゼミ伊勢河崎大会（三重県）に参加。
10月26〜28日　宇和わらぐろの会、埼玉県立近代美術館「田園讃歌」積み藁プロジェクトに参加。

平成20（2008）年

2月　「旧兵頭庄屋長屋門」（伊方町三崎）解体。町見郷土館の記録保存に協力。

7月　「旧講武館」（西予市野村町本町二丁目集会所）解体。事前に実測調査。

10月11〜13日　**第31回全国町並みゼミ卯之町大会（愛媛県）**開催。四国では琴平大会（第4回）に次いで二回目。

12月　旧東洋紡績社宅実測調査。

平成21（2009）年

5月　「細川一家」（大洲市椎森）解体撤去。

6月　日土小学校、修復保存工事完成

7月2日　「旧東洋紡績社宅」（保内町川之石）解体。

7月17日　横浜開国博Y150茶堂プロジェクトに協力。

7月28日　「赤松家」（城川町）解体。資料、記録保存。鏝絵取り外し。

10月　**「卯之町」（西予市宇和町）国重要伝統的建造物群保存地区（重伝建）の答申内定**。全国で86番目、四国で6番目。

11月13〜15日　第32回全国町並みゼミ佐原・成田大会（千葉県）に参加。

12月27日　日土小学校見学会（以降、年3回春夏冬開催）、ボランティアガイドの実施。

12月　「旧廣瀬医院（脇水家）」（八幡浜市五反田）解体。

平成22（2010）年

2月13〜14日　えひめ地域づくり研究会議の豊予海峡交流事業「別府・豊後高田ツアー」を企画、ガイド実施。

5月29～30日　戦跡保存ネットワーク四国主催、第1回戦争遺跡保存四国シンポジウム（高知県南国市）初参加。
10月23日　きれいにし隊による菊池清治邸（八幡浜市浜之町）の清掃活動開始。
11月5～7日　第33回全国町並みゼミ盛岡大会（岩手県）に参加。
11月9日　井上呉服店（八幡浜市川之石本町）、解体前記録調査。
11月25日　富士シリシア化学㈱が所有する大峰銅山（八幡浜市雨井）の坑道内整備が始まる。

平成23（2011）年
1月10日　**「菊池清治邸を活かす会」**発足。
1月14日　井上呉服店（八幡浜市川之石本町）、解体。
1月30日　少彦名神社参籠殿（大洲市菅田町）実測調査、**保存活動開始**。
4月13日　愛媛県教委文化財保護課事業・**愛媛県近代化遺産調査**主任拝命（平成23・24年度）
4月22～25日　菊池清治邸にて「三輪自転車里帰り展」（八幡浜市）企画開催。
5月28～29日　戦跡保存ネットワーク四国主催、第2回戦争遺跡保存四国シンポジウム（今治市波止浜）開催協力。
6月8日　八幡浜市文化センターにて「**タウンツーリズム講座（パートII）**」再開。
9月30日～10月2日　第34回全国町並みゼミ飛騨古川大会（岐阜県）に参加。

平成24（2012）年
5月19日　菊池清治邸を活かす会主催で、道の駅・八幡浜みなっと前広場にて「まちづくり青空フォーラム　今、自転車が楽しい！」開催。
10月6～7日　産業考古学会・新居浜大会、実施協力。

11月30～12月2日　第35回全国町並みゼミ福岡大会（福岡県）に参加。
12月15日　少彦名神社シンポジウム（大洲市）開催、パネリスト発表。
12月28日　日土小学校の中校舎と東校舎が国指定重要文化財となる。

平成25（2013）年
3月末　『愛媛県の近代化遺産―近代化えひめ遺産総合調査報告書』刊行
5月25～26日　戦跡保存ネットワーク四国主催、第4回戦争遺跡保存四国シンポジウム（八幡浜市）企画実施。豊予要塞および第一防空壕を見学。
9月20～22日　第36回全国町並みゼミ倉敷大会（岡山県）に参加。
10月11～13日　産業考古学会富山大会に参加。
12月6日　白浜温泉（八幡浜市白浜通）、解体。

平成26（2014）年
5月10～11日　産業考古学会第38回総会（千葉県）に参加。
5月31～6月1日　戦跡保存ネットワーク四国主催、第5回戦争遺跡保存四国シンポジウム（高知県南国市）参加。
6月21日　松の窪堂（西予市野村町平野）、落慶法要。西予市文化財保護審議委員として関わった茅葺きの修復保全が、西予市最後の茅葺き職人・浅野頼光氏により竣工。
11月7～9日　第37回全国町並みゼミ鹿島・嬉野大会（佐賀県）に参加。

平成27（2015）年
3月7日　少彦名神社参籠殿、修復落成。

4月27日　菊池清治邸（八幡浜市）実測調査、設計士・酒井純孝氏報告会。
5月30日　戦跡保存ネットワーク四国主催、第6回戦争遺跡保存四国シンポジウム（徳島県）参加。
　　　　板東捕虜収容所を見学。
6月12〜14日　第38回全国町並みゼミ豊岡大会（兵庫県）に参加。
8月　「松山の掩体を考える会」が、松山海軍航空隊の掩体壕の保存に関する請願書を松山市
　　議会及び市教委に提出。
9月27日　「長浜大橋、国重要文化財指定記念シンポジウム」（大洲市長浜町）に参加。

まちづくりアーカイブズ
……えひめ南予の町並み事情……

平成28年1月30日　初版第1刷発行
著　　者　岡崎　直司
発 行 者　土居　英雄
発 行 所　愛媛新聞社
編集販売　愛媛新聞サービスセンター
〒790-0067　松山市大手町1-11-1
電話〔出版〕089-935-2347
〔販売〕089-935-2345
印　　刷　松栄印刷所

ISBN978-4-86087-125-3　C0095